엔비디아 웨이

"모든 미래는 엔비디아로 통한다"

NVIDIA WAY

시장점유율 98%,
경쟁자들을 지워버리는 대체 불가 기업의 비밀

엔비디아 웨이

이덕주 지음

더 퀘스트

지금은 AI 시대다. AI 시대의 최대 수혜 기업이면서 절대 지존 기업인 엔비디아의 탄생과 현재 위치, 그리고 향후 전망까지 저자는 실리콘밸리에서 매우 현장감 있고 친절하게 서술한다. 미래 시장을 개척하고 세상을 선도할 위대한 기업을 찾아 한발 앞서 투자할 수 있는 모티브를 제공하는 더할 나위 없는 훌륭한 책이다. 투자자분들뿐만 아니라 빛의 속도로 발전하는 세상의 변화에 관심 있는 모든 분들에게 적극 권한다.

│ **남석관** 베스트인컴 회장,《손실 없는 투자 원칙》저자 │

엔비디아의 여정은 단순한 성공 이야기를 넘어, 기술 혁신과 산업 변화의 전설로 자리매김했다. 이 책은 엔비디아가 어떻게 반도체 생태계의 파괴자에서 AI 반도체의 공룡으로 거듭났는지, 왜 세계가 이 기업을 원하게 되었는지를 실리콘밸리 가장 가까이서 바라보며 깊이 있게 탐구한 결과다. 엔비디아의 성장은 단순히 기술적인 진보만이 아니라, 대담한 비전과 끊임없는 혁신의 결과이며 저자는 엔비디아가 어떻게 '대체 불가' 기업으로 자리 잡았는지, 그리고 그들의 미래가 어떻게 전개될지에 대한 통찰력 있는 분석을 제공한다. 기술 애호가뿐 아니라 미래 산업에 대한 깊은 이해를 원하는 많은 이들에게 필독서가 될 것이다.

│ **권순용** 유튜브 '에스오디(SOD)' 운영자,《K 반도체 대전략》저자 │

그동안 여러 권의 미국 주식 관련 서적을 집필했는데 언젠가 시간이 되면 꼭 쓰고 싶었던 내용이 바로 '엔비디아'에 대한 것이었다. 엔비디아라는 기업을 알게 되고 투자한 지 10년 가까이 됐으니 이 기업에 대한 여러 내용을 글로 남기고 싶었던 것이다. 여러 상황이 여의치 않아 차일피일 미루던 차에 이 책이 곧 출간된다는 소식을 듣게 되었다. 현재 엔비디아에 투자하는 분들을 포함해 관심이 있는 모든 분들에게 이 책을 권한다. 왜 엔비디아가 전 세계 시가총액 1, 2위를 다퉜는지 이해가 되면서 더욱더 큰 믿음이 생길 것이다.

| **장우석** 유튜브 '미국주식에 미치다' 운영자, 《미국주식 무작정 따라하기》 저자 |

엔비디아의 현재는 수많은 실책과 실패의 역사 위에 세워진 것이다. 이 책은 오늘날 AI의 총아가 된 엔비디아의 과거를 돌아보며 그들의 도전과 분투, 눈물과 영광을 모두 느낄 수 있게 해준다. 그 지난했던 과정을 천천히 따라가 보면 어느새 오늘날의 성공 비결을 깨닫고 앞으로 더 빛나게 될 미래도 예측할 수 있을 것이다.

| **차정훈** KAIST홀딩스 대표, 전 엔비디아코리아 상무 |

'엔비디아'가 앞당긴 미래의 시간

2024년 3월 18일, 미국 실리콘밸리 새너제이에서 엔비디아의 연례 개발자 행사인 GTC 2024가 열렸다. 공연장으로도 쓰이는 SAP 센터의 좌석은 1만여 명의 사람들로 가득 찼다. 마치 록 콘서트 장과 같았다. 연단에 가죽 점퍼를 입은 CEO 젠슨 황이 등장하자 사람들의 환호성이 터져나왔다. 엔비디아의 인기를 다시금 실감하는 순간이었다.

그는 두 시간의 기조연설을 그 누구의 도움 없이 혼자서 진행했다. 실리콘밸리의 그 어떤 행사에서도 CEO가 두 시간을 가득 채워서 발표하는 경우는 없다. 이는 자기 회사의 모든 부분을 속속들이 알고 있는 사람만이 가능한 일이었다.

AI 혁신이 가져온 거대한 산업의 변화부터 그것을 가능하게 만든 엔비디아 GPU의 매우 구체적인 적용 사례까지 GTC에서의 연설은 오늘날 컴퓨팅의 미래를 이끄는 기업이 어디인지를 잘 보여주었다. 그 모습은 마치 엔비디아가 한 발 한 발 내놓는 발걸음이 테크 산업 전체에 거대한 발자국을 남기는 듯한 느낌이었다.

무모한 도전자에서 컴퓨터의 미래를
새로 쓰는 기업이 되기까지

엔비디아는 불과 몇십 년 전만 해도 게임용 그래픽 카드를 만들던, 게임 업계 사람이나 '컴퓨터 좋아하는 사람들만 관심을 가지는' 회사였다. 2000년대 초반, 용산 전자상가를 누비며 지포스 그래픽 카드의 시장 반응을 직접 살피고 다니던 이 작은 키의 동양 남자를 기억하는 사람이 있을까? 그가 오늘날 1,000억 달러(약 145조 원) 자산을 보유한, 워런 버핏의 자리마저 넘보는 세계적인 갑부가 되리라고 생각한 사람은 많지 않았을 것이다. 또한 게임용 그래픽 카드를 만들던 엔비디아라는 회사가 훗날 전 세계 시가총액 1위 기업, 기업가치 3조 달러의 세계 최고 반도체 회사가 될 거라고는 아무도 예상하지 못했을 것이다. 심지어 젠슨 황 본인조차도.

지금으로부터 16년 전인 2008년, 젠슨 황은 서울대학교에서 열린 특별 강연에서 이렇게 말했다.

"엔비디아의 CUDA(엔비디아의 자체 프로그래밍 도구)를 이용한 프로그램과 GPU가 개인 컴퓨터를 슈퍼컴퓨터로 만들 것입니다. CUDA와 GPU가 컴퓨터의 미래를 새로 쓸 것이라는 이야기입니다."

당시 그 자리에서 그의 말을 진지하게 받아들인 사람이 얼마나 있었는지는 몰라도, 그의 말은 현실이 되었다. 오늘날 우리가 쓰는 개인용 컴퓨터는 이제 사람처럼 말을 하고 각종 문제를 해결하며 이미지와 동영상을 알아서 만들어낸다. PC라는 개념이 탄생한 이래로 모두가 꿈꿔왔던, 과거 SF 영화에서나 가능하다고 생각했던 일이 이제 현실에서 벌어지고 있는 것이다.

그리고 이 모든 일은 구글, 아마존, 마이크로소프트 같은 클라우드 서비스 회사들과 그들이 소유한 데이터센터, 그 데이터센터 안에 들어가는 슈퍼컴퓨터 덕분에 가능해졌다. 이렇게만 보면 마치 이 빅테크 기업들이 모든 영광을 차지해야 할 것 같지만 그렇지 않다. 그 슈퍼컴퓨터를 돌아가게 만드는, 딥러닝 기반의 AI를 구동시키는 장본인은 따로 있기 때문이다. 바로 엔비디아의 GPU다. 이 GPU 덕분에 현재 우리가 다양한 AI 서비스를 아무 불편함 없이 이용할 수 있는 것이다. 젠슨 황의 말처럼 CUDA와 GPU는 컴퓨터의 미래를 새로 쓰고 있다.

'**AI 산업**' 그 자체가 된
엔비디아에 대한 모든 것

엔비디아의 등장으로 세계적인 칩 메이커들의 운명도 달라졌다. 전통의 CPU 강자였던 인텔은 회사의 근간이 무너져 내린다고 할 정도로 휘청이고 있고, 시가총액을 추월당한 구글, 아마존, 애플 등은 자체 AI 반도체 개발에 나서며 엔비디아의 독점으로부터 벗어나기 위해 애쓰고 있다. 엔비디아는 국내 굴지의 대기업인 삼성과 SK하이닉스의 운명마저 바꿔놓았다.

혜성처럼 등장해 실리콘밸리를 뒤흔들어놓은 스타트업도 아니고 1993년 설립되어 그래픽 카드라는 한 우물만 파던 회사는 어떻게 AI 산업의 지배자로 변신해 빅테크 기업들이 의지하는 혹은 그들을 위협하는 존재가 되었을까?

이 책은 엔비디아라는 기업과 이 회사를 30년 동안 이끌고 있는 젠슨 황이라는 인물을 종합적으로 이해하기 위해 쓰였다. 이 특이한 회사를 제대로 살펴보기 위해서는 반도체 산업과 AI 산업의 기술적인 변화와 발전상을 먼저 이해해야 하는데, 그 과정이 꽤 복잡하고 급격하다. 그럼에도 엔비디아라는 회사가 지니고 있는 기술적인 역량과 앞으로의 방향성, 그리고 타 기업들과의 관계를 통해 이를 살펴보고자 했다.

먼저 파트 1에서는 엔비디아가 현재 AI 반도체 산업에서 어떤 위치를 점하고 있으며 어떻게 반세기 가까이 왕좌를 지켜왔던 경쟁사들을 끌어내리며 산업 지형을 변화시키고 있는지 살펴본다. 또한 전 세계 빅테크 기업들 모두가 엔비디아를 원하게 된 배경과 완벽한 기술적 우위, 플랫폼 네트워크 효과를 바탕으로 그 누구도 넘볼 수 없는 해자를 만들어낸 이들만의 특징은 무엇인지 탐색한다.

파트 2에서는 엔비디아의 탄생과 성장 그리고 그래픽 카드 회사에서 어떻게 '인공지능 회사'로 변모하게 되었는지 그 전략적 방향 전환의 과정을 설명한다. 망할 날이 30일밖에 남지 않았던, 업계 표준과 반대로 가던 회사가 테크 업계의 슈퍼스타가 된 배경과 아무도 가지 않은 길을 감으로써 새로운 산업혁명의 선봉에 선 이들의 발전 과정을 알아본다.

파트 3에서는 엔비디아의 급성장을 견인한 데이터센터 산업을 비롯해 이들이 현재 어떤 시장에서 미래의 먹거리를 찾고 있는지 논의한다. 챗GPT를 필두로 한 '생성형 AI'는 이제 우리 시대를 정의하는 기술이 되었다. 그리고 엔비디아가 내놓은 최신 제품인 블랙웰 GPU는 이 생성형 AI를 새로운 단계로 끌어올리고 있다.

또한 데이터센터 시장을 넘어 로보틱스와 자율주행차, 메타버스, 바이오 산업에 이르기까지 엔비디아는 산업 현장 곳곳에 GPU 플랫폼이 사용되도록 함으로써 자신들의 영향력을 점점 더 확장시켜 나가고 있다. 또한 추론 모델 제공과 AI 파운드리를 통해 하드웨어만을 만드는 기업이 아니라 '서비스 기업'으로의 변화를 이루어내고 있는 이들의 새로운 비전도 함께 살펴볼 수 있다.

파트 4에서는 회사 창립 이후 30년 넘게 CEO 자리를 지키고 있는 젠슨 황의 독특한 리더십과 엔비디아의 특별한 조직문화에 대해 이야기한다. 모든 발전하는 기업에는 지휘를 맡은 CEO의 선견지명과 리더십, 그리고 그것을 현실화할 수 있게 도와주는 많은 직원과 조직문화가 존재한다. 검은색 터틀넥에 청바지를 고수했던 스티브 잡스처럼 검은색 가죽 재킷만을 입고 다니는 젠슨 황은 그 외향만큼이나 자유롭고 수평적인 리더십으로 유명하다. 1년에 20번 넘게 기업 행사에 참여하며 기조연설을 진행하고 고객과 직접 소통하는 그의 리더십에는 어떤 특별한 점이 있는지, 그리고 혁신의 최전선을 이끄는 이 기업에 어떤 사람들이 일하고 있는지 살펴본다.

마지막으로 파트 5에서는 엔비디아가 지금과 같은 시장 지배력을 계속 유지할 수 있을지, '엔비디아로부터의 독립'을 외치며 뒤를 바짝 추격하고 있는 '빅 4' 테크 기업들을 비롯해 스타트업까지 현재 주목해야 할 기업들로는 누가 있는지 자세히 알아볼 것이다. 엔비디아는 지금과 같은 시장점유율을 유지하며 '대체불가 기업'으로의 자리를 계속해서 지켜낼 수 있을까? 이와 함께 해외 투자 전문가들과 국내 투자 전문가의 의견을 들어보며 엔비디아의 향후 투자 전망은 어떻게 되는지도 함께 짚어보려한다.

엔비디아는 AI 반도체 전쟁의
최종 승자가 될 수 있을까?

1993년 열정 가득한 세 명의 엔지니어가 의기투합해 만든 엔비디아는 PC 시대에 3D 컴퓨터 그래픽 카드를 만들겠다는 비전으로 시작됐다. 그리고 그 비전은 30년의 세월을 거치고 시대 변화와 맞물려 성공을 거두면서 새로운 국면을 맞이했다. 수십 년 동안 칩을 개발해오고 CUDA 생태계에 몇십 년씩 투자해온 전략이 드디어 힘을 발휘하고 있는 것이다. 이제 세상에서 가장 가치 있는 기업이 된 엔비디아는 자신들이 개발한 강력한 GPU로 슈퍼컴퓨터를 만들겠다는 비전을 구상하고 이를 실현해나가고 있다.

이들의 질주는 앞으로도 계속될 수 있을까? 구글, 마이크로소프트, 애플, AMD, 인텔, Arm, 퀄컴, 삼성, 테슬라 등 고객이자 동시에 엔비디아에 맞서는 빅테크 기업들의 추격은 엔비디아가 지배하고 있는 산업 지형을 어떻게 바꾸게 될까? 현재 용광로처럼 가장 뜨거운 '반도체 전쟁'에서 승리할 기업은 어디일까? 이제, 세상에서 가장 역동적이고 드라마틱한 기업의 이야기 속으로 들어가 보자.

| 차례 |

PART 1

반도체 생태계 파괴자,
엔비디아의 등장

PART 2

스타트업에서
AI 반도체 공룡이 되기까지

PART 3

무엇이 그들을
'대체 불가' 기업으로 만들었을까

PART 4

초심을 잃지 않는
엔비디아의 기업 문화

PART 5

계속된 칩메이커들의 전쟁,
엔비디아의 미래는?

nVIDIA
WAY

반도체 생태계 파괴자, 엔비디아의 등장

"소프트웨어가 세상을 먹어 치웠다고 한다.
이제는 AI가 소프트웨어를 먹어 치울 것이다."

젠슨 황

반도체 하나로 시총 1위에 오른 실리콘밸리의 '작은' 회사

2024년 6월 18일, 미국 테크 기업 역사에서 상징적인 일이 벌어졌다. 반도체 기업 엔비디아의 시가총액이 일시적으로 3조 3,400억 달러(약 4,600조 원)를 넘어섰기 때문이다. 이는 전 세계 기업 시가총액 기준으로 1위에 해당하는 숫자였다. 불과 10년 전까지만 해도 컴퓨터 게임용 그래픽 카드 제조를 주력 사업으로 하던 회사는 단숨에 전 세계에서 가장 높은 기업가치를 지닌 기업 중 하나가 되었다. 반도체 기업 중에서 1위에 오른 것은 물론이다.

엔비디아라는 회사의 크기를 생각하면 그들이 첫 번째로 가

그림 1-1 | 엔비디아 주가 그래프

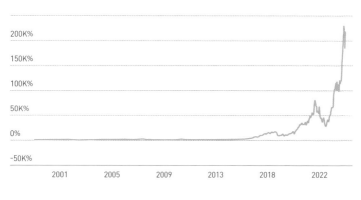

1999년 상장 이후 엔비디아 주가는 210,000% 상승했다.

치가 높은 기업이라는 게 참으로 놀랍다. 전 세계를 대표하는 테크 기업 중 하나인 마이크로소프트는 2023년 기준 매출 2,219억 달러, 영업이익만 885억 달러에 이르는 거대 기업이다. 전 세계에 포진해 있는 직원 수만 22만 명에 달한다. 아이폰으로 전 세계를 지배하는 테크 기업인 애플은 매출 3,832억 달러, 영업이익 1,143억 달러, 그리고 직원 수는 16만 명 정도다. 반면 엔비디아는 매출 609억 달러, 영업이익 329억 달러(2024년 회계연도 기준)로 두 회사의 4분의 1에서 5분의 1 규모이고, 직원 수 역시 3만 명 정도로 두 회사보다 훨씬 적다.

사업구조도 지극히 단순하다. 엔비디아는 반도체를 설계하고 이를 소프트웨어로 뒷받침한다. 반도체를 직접 제조하지 않으며 일반 소비자들이 사용하는 B2C 제품은 게이머 대상으로 한정되어 있다. 오직 데이터센터, 게임, 자율주행, 그래픽 전문가라는 네 종류의 고객만 상대한다. 그러다 보니 엄청난 규모의 데이터센터와 연구 시설을 가지고 있는 마이크로소프트와 다르게 엔비디아는 그런 유형자산이라고 할 만한 것이 많지 않다.

3조 달러라는 그들의 기업가치는 대체 어느 정도 수준인 걸까? 우리나라 코스피, 코스닥에 상장된 기업의 시가총액을 모두 합쳐도 엔비디아 한 회사의 시가총액에 미치지 못한다. 좀 더 쉽게 설명하자면 2024년 2월 말 기준, 삼성전자의 시가총액이 3,780억 달러였다. 가전제품부터 휴대전화, 메모리 반도체까지 모두 직접 만드는 삼성전자 같은 회사가 여덟 개는 모여야 엔비디아와 같은 가치를 갖게 된다는 얘기다.

그림 1-2 | 엔비디아와 삼성전자의 시총 비교

—— 엔비디아 2.62조 달러   —— 삼성전자 3779.9억 달러

현재 엔비디아는 삼성전자 여덟 개와 같은 가치를 갖고 있다.

덕분에 젠슨 황 CEO의 재산도 천문학적인 가치를 갖게 됐다. 그는 엔비디아 주식의 3.5%를 보유하고 있는데 그 가치가 2024년 6월 약 1,000억 달러가 넘는다. 그보다 더 부자인 사람은 일론 머스크 테슬라 CEO, 제프 베이조스 아마존 창업자, 마크 저커버그 메타 창업자 같은 테크 업계의 거물이나 프랑스의 아르노 가문(LVMH 그룹), 월마트 창업자 가문 정도다. 그야말로 지금 현재 동아시아 출신 중에서 가장 부유한 사람은 젠슨 황이라고 해도 과언이 아니다.

그들은 어떻게 AI 혁명의 길을 열었나

엔비디아가 어떻게 마이크로소프트 같은 테크 공룡의 뒤를 이어 세계 최고 기업의 자리에 오르게 되었는지 살펴보려면 현재 주식시장에서 이 회사를 부르는 또 다른 이름을 생각해보면 된다. 바로 'AI 대장주'라는 수식어다. 엔비디아가 지금의 위치에 오르게 된 것은 전적으로 인공지능 덕분이다. 엔비디아가 AI를 학습시키는 데 가장 중요한 부품인 GPU Graphic Processing Unit 반도체를 생산하고 있기 때문이다.

우리는 인공지능 Artificial Intelligence, 즉 AI라고 하면 보통 사람처럼 생각하고 말하는 '로봇'을 상상하곤 한다. 하지만 실제 산업현장에서 이야기하는 AI는 컴퓨터 소프트웨어가 사람만이 할 수 있는 일을 하는 것을 의미한다. 언어로 대화를 하고, 이미지를 보고 무엇인지 인식하고, 그림을 그리는 것 같은 일이 대표적이다. AI는 컴퓨터라는 기계가 등장한 이후부터 계속 이야기가 나왔을 정도로 상당히 오래된 개념이다.

요즘 우리가 AI라고 부르는 기술은 AI의 하위 분야인 '딥러닝 deep learning'에 가깝다. 딥러닝은 사람의 뇌 신경망과 유사한 '인공 신경망Neural Network'을 컴퓨터 소프트웨어로 만들고 이것을 학습 training시키는 것이라고 보면 된다. 딥러닝이 등장하기 이전에는 AI의 행동을 인간이 하나하나 코딩하여 만들었다. 예를 들어 사람이 A라고 물어보면 B라고 대답하는 식으로 모든 경우에 인간이 정의를 해놓는 것이다. 하지만 딥러닝은 대량의 데이터를 가지고 AI가 스스로 학습한다. 사람이 하는 일은 대량의 데이터를 준비하고, AI 학습에 필요한 컴퓨터를 제공하는 것뿐이다.

그렇다면 AI 학습은 어떻게 진행될까? 간단하게 설명하면 더하기와 곱하기를 몇백 조 번씩 반복하는 것이라고 할 수 있다. 다만 계산을 해야 하는 숫자가 어마어마하게 크기 때문에 AI 학습에는 엄청나게 좋은 성능의 컴퓨터가 필요하다. 그리고 그 성능 좋은 컴퓨터 안에 우리가 GPU라 부르는 엔비디아의 반도체가 사용된다. GPU라는 명칭은 컴퓨터에서 연산을 처리하는 반도체인 CPUCentral Processing Unit에서 따온 것이다.

소형 컴퓨터라고 할 수 있는 스마트폰에 들어가는 중앙 반도체를 APApplication Processor라 부르는데, 여기에는 CPU와 GPU

가 모두 들어가 있다. CPU와 GPU의 가장 큰 차이는 데이터 처리 방식에 있다. CPU는 순차처리Sequential Processing라고 해서 일이 들어오는 순서대로 하나씩 처리하고, GPU는 병렬처리Parallel Processing라고 해서 여러 가지 일을 동시에 처리한다(그림 1-3). 이렇게 설명을 들으면 여러 가지 일을 동시에 처리하는 것이 좋다고 생각할 수 있지만 복잡한 계산을 할 때는 CPU, 즉 순차적으로 하는 게 훨씬 빠르다.

그럼에도 불구하고 AI에 엔비디아가 만드는 GPU가 쓰이는 까닭은 무엇일까? 이는 더하기와 곱하기를 몇백 조 번씩 반복해야 하는 딥러닝의 특수성 때문이다. 순차적으로 하기보다는 쉬운 계산을 동시에, 한 번에 처리해야 학습이 빠르게 이뤄진다.

그림 1-3 | 순차처리와 병렬처리

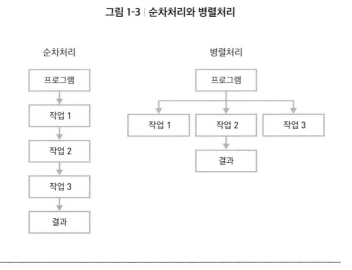

또한 GPU는 딥러닝으로 만들어진 AI 모델을 서비스에 사용하는 데도 필요하다. 학습을 마친 딥러닝 AI는 '모델'이라고 하는 일종의 블랙박스가 된다. 우리가 데이터를 입력input하면 결과물이 출력output된다. AI가 스스로 학습했기 때문에 어떤 과정을 거쳐 결과가 도출되는지는 알지 못한다. 하지만 이 모델은 사람 수준의 혹은 사람보다 뛰어난 능력을 갖고 있다. 이처럼 한번 만들어진 AI 모델에 어떤 값을 넣어서 결과를 얻는 과정을 추론 inference이라고 한다.

우리가 챗GPT 같은 인공지능에게 어떤 질문을 던지면 답을 해주고, 챗GPT가 이미지를 보고 그것이 무엇인지 설명해주는 것이 대표적인 추론 과정이다. 이런 추론 과정은 학습으로 만들어진 AI 모델을 통해 이뤄지는데, 학습이라는 것이 어떤 방정식에서 상숫값을 얻는 것이라면 추론은 x값을 넣었을 때 y값을 계산하는 '과정'이다. 당연히 병렬연산이 빠르게 이뤄져야 답도 빠르게 나온다.

우리가 일상에서 수없이 사용하고 있는 컴퓨터, 스마트폰 등은 모두 여러 가지 전자부품들로 이뤄져 있고, 그중 가장 중요한 것이 CPU와 GPU 같은 반도체들이다. 기기의 성능을 좌우하는 핵심 부품이기 때문이다. 그리고 중요한 만큼 아무나 쉽게 만들지 못하며 당연히 가격도 비싸다.

현재 엔비디아의 GPU가 딥러닝 기반 AI의 핵심적인 인프라를 이루고 있는 상황에서 AI의 사용이 늘어날수록 엔비디아의 반도체 역시 점점 더 많이 필요해질 수밖에 없다. 엔비디아가 인터넷 세상을 열어준 마이크로소프트의 뒤를 이어 오늘날 새롭게 왕좌에 오른 것은 어쩌면 당연한 결과라고 할 수 있는 것이다.

왜 삼성전자는 엔비디아가 되지 못했을까?

우리가 가장 잘 아는 반도체 기업은 한국을 대표하는 기업 삼성전자다. 그렇다면 삼성전자와 엔비디아가 만드는 반도체는 어떻게 다를까? 삼성전자는 왜 엔비디아가 만드는 AI 반도체를 만들지 못하는 걸까? 이 이야기를 하려면 조금 어렵지만 반도체에 대한 기본 개념을 짚고 넘어가야 한다.

반도체는 용도에 따라 크게 로직Logic 반도체와 메모리Memory 반도체, 그리고 DAODiscrete,Analog,Others 반도체 이 세 가지로 나뉜다. 삼성전자와 SK하이닉스가 메모리 반도체 부문에서 각각 세계 1위, 2위를 차지하고 있다. 데이터를 저장하기 위한 목적으로

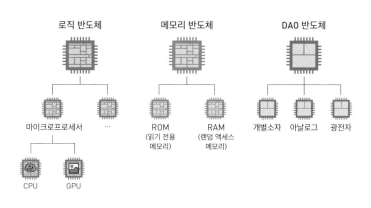

그림 1-4 | 반도체의 종류

사용하는 D램, S램 그리고 플래시 메모리 등이 대표적인 메모리 반도체에 속한다. D램은 전원이 공급되어도 주기적으로 충전을 해줘야 기억이 유지되는 반도체이고, S램은 전원이 공급되는 한 기억이 유지되는 반도체이며, 플래시 메모리는 전원이 공급되지 않아도 기억이 유지되는 반도체다.

그리고 이런 메모리를 조종하고 명령을 내리는 반도체가 바로 로직 반도체다. 이름 그대로 기억이 아니라 논리를 처리(계산)하는 것이 로직 반도체의 역할이다. 우리가 앞서 얘기한 CPU와 GPU가 대표적인 로직 반도체로, 엔비디아, 인텔Intel, 퀄컴Qualcomm, 미디어텍MediaTek 등이 대표 기업이며 삼성전자, 애플, 아마존, 구글도 자체적으로 로직 반도체를 생산한다.

DAO 반도체는 하나의 반도체를 의미하는 게 아니라 '개별소자 반도체Discrete'와 '아날로그 반도체Analog' 그리고 '기타Others'를 합친 말이다. 개별소자 반도체는 트랜지스터나 다이오드같이 단일 기능을 수행하는 저렴한 반도체를 뜻한다. '반도체'라고 하면 흔히 CPU나 메모리처럼 최첨단 전자기기에 들어간 반도체만을 떠올리기 쉽지만 사실 작은 가전제품이나 단순한 전자기기에도 모두 반도체가 들어간다. 개별소자 반도체는 그런 기기에 들어가는 종류의 반도체다.

아날로그 반도체는 아날로그 신호를 디지털 신호로 바꾸는 반도체로, 자동차에 많이 사용되는 MCUMicro Controller Unit가 대표적이다. 미국 기업 텍사스 인스트루먼트Texas Instruments, 아날로그 디바이스Analog Devices, NXP 반도체NXP Semiconductors 등이 대표 아날로그 반도체 기업이다. 기타는 개별소자 반도체나 아날로그 반도체를 제외한 반도체를 의미한다. 주로 광전자 소자Optoelectronics 와 센서 등인데, 소니Sony가 전 세계 1위를 하고 있는 이미지 센서가 대표적인 기타 반도체에 속한다.

반도체 설계와 제조의 분리,
팹리스와 파운드리

크게 보면 한국은 메모리 반도체 시장, 미국은 로직 반도체 시장, 일본과 유럽은 DAO 반도체 시장에서 점유율이 높다. 최근 들어 두드러지는 부분은 반도체 설계와 제조의 분리다. 과거에는 반도체를 설계하는 회사가 직접 반도체를 제조하는 게 일반적이었다.

웨이퍼^{wafer}에 반도체 회로도를 입력하는 작업을 'fabrication'이라고 하는데 이를 줄여서 '팹^{fab}'이라고 부른다. 과거에는 메모리 반도체 회사, 로직 반도체 회사 모두 직접 팹 시설을 갖추고 반도체를 직접 만들었다. 하지만 1980년대 말 반도체 위탁제조 전문 회사인 TSMC가 등장하면서 설계와 제조가 분리되었다. TSMC는 타이완 반도체 제조 회사$^{Taiwan\ Semiconductor\ Manufacturing\ Company}$의 약자로, 세계 최대의 독립 반도체 파운드리(반도체 제조업체)이다. TSMC는 고객이 설계한 대로 반도체를 제조해주는데, 오늘날 삼성전자와 인텔을 제치고 전 세계 주요 반도체 설계 회사들의 가장 큰 신뢰를 받고 있다.

지금은 삼성전자와 인텔을 제외한 대부분의 기업이 제조 시설을 가지고 있지 않다. 이처럼 팹 없이 설계만 하는 반도체 회사를 '팹리스^{fabless}', 위탁제조만 해주는 회사를 '파운드리^{foundry}'라고 부른다. 이처럼 반도체 설계와 제조가 분리된 이유는 반도체 제조 시설을 만드는 데 긴 시간과 막대한 자본투자가 필요하기 때문이다. 파운드리가 등장하면서 팹리스 기업들은 좀 더 생산성이 높은 설계에 집중할 수 있게 되었다. 또 반도체가 발전을 거듭하면서 성능 좋은 반도체를 제조하는 것이 점점 더 어려워

그림 1-5 | 세계 최대 파운드리 기업인 대만의 TSMC

출처: TSMC

지고, 기술적 난이도 상승으로 파운드리에 집중하는 회사가 더 중요해진 측면도 있다.

제조와 설계의 분리는 기존에 반도체를 만들지 않던 빅테크 기업이 자신들만의 반도체를 설계하고 이것을 파운드리에 맡겨 생산하는 것도 가능하게 만들었다. 인텔, 퀄컴, 미디어텍 같은 반도체 전문 기업의 제품을 가져다 쓰지 않고 자신들의 전용 반도체를 만드는 것이다. 이런 '반도체 독립'을 시작한 대표적인 기업이 바로 애플이다.

애플은 아이폰, 맥북, 아이패드에 들어가는 반도체를 직접 설계하고 TSMC에 생산을 맡긴다. 위탁제조를 전문으로 하는 TSMC는 애플 외에도 엔비디아, 퀄컴 등 세계 최고 반도체 회사들의 최첨단 반도체를 생산하고 있다.

다만 메모리 반도체는 팹리스와 파운드리의 분리가 이뤄져 있지 않은데, 메모리 반도체는 로직 반도체처럼 높은 집적도가 필요하지 않고 복잡도가 높은 기술을 요하기보다는 저렴하고 안정적으로 생산하는 것이 더 중요하기 때문이다.

그렇다면 맨 처음에 던졌던 질문으로 다시 돌아가 보자. 삼성전자와 엔비디아가 만드는 반도체는 어떻게 다를까? 삼성전자는 왜 엔비디아가 만드는 AI 반도체를 만들지 못하는 걸까? 대답은 간단하다. '삼성전자가 가장 잘 만드는 반도체와 엔비디아가 가장 잘 만드는 반도체의 종류가 다르기 때문'이다. 삼성전자는 메모리 반도체를 가장 잘 만들고 엔비디아는 로직 반도체인 GPU를 가장 잘 만든다. 두 반도체의 성격이 매우 다르기 때문에 그 경쟁력을 쉽게 따라갈 수가 없다.

그림 1-6 │ 삼성전자의 로직 반도체 엑시노스

출처: 삼성

그리고 어떤 의미에서 삼성전자는 매우 특이한 회사라 할 수 있다. 메모리 반도체도 잘 만들지만 로직 반도체(스마트폰 AP인 엑시노스Exyons)도 만들고 이를 자체적으로 생산하는 데다가 또 다른 기업들의 주문을 받아 파운드리에서 위탁생산도 해주기 때문이다. 하지만 이런 모든 일을 다 하는 삼성전자도 사업이 메모리 반도체 쪽에 크게 치중된 탓에 최근 부진을 면치 못하고 있다. 챗GPT가 등장한 뒤 대규모의 복잡한 연산을 더 효율적이고 빠르게 도출해내는 칩인 GPU의 중요성과 그 수요가 어마어마하게 커졌기 때문이다. 이런 상황에서 현재 GPU 시장의 90% 이상을 잠식한 엔비디아를 따라잡기란 쉽지 않아 보인다. 더구나 이 물량은 삼성전자의 강력한 경쟁자인 대만의 TSMC가 생산을 전담하고 있다.

그런데 우리나라에는 삼성전자 말고도 또 하나의 막강한 반도체 기업이 있다. 바로 엔비디아의 부상과 함께 날아오른 SK하이닉스다.

SK하이닉스와 삼성전자의 엇갈린 운명

2024년 여름, 가장 잘나가는 한국 반도체 회사는 어디일까? 삼성전자를 얘기하는 사람도 많겠지만 사실은 SK하이닉스가 더 잘나간다. 이는 주가만 봐도 알 수 있는데, 2024년 6월 기준으로 올해 들어 35%가 올랐다. 1년 기준으로는 77% 상승이다. 이에 반해 삼성전자는 2024년 6월 기준으로 연초 이후 주가가 5% 하락했다. 1년 기준으로는 5% 상승밖에 되지 않는다.

최근 투자자들 사이에서는 삼성전자보다 SK하이닉스가 더 낫다는 얘기도 나온다. 만년 2등 신세였던 SK하이닉스가 어떻게 삼성전자를 제치고 앞서 나갈 수 있었던 걸까? 여기에서 또 엔비디아가 등장한다. SK하이닉스가 엔비디아에 메모리 반도체인 HBM을 공급하고 있기 때문이다.

엔비디아의 비상과 함께
날아오른 하이닉스

HBM은 'High Bandwidth Memory(고대역폭 메모리)'의 약자로 D램의 일종이다. 메모리를 층으로 쌓아서 데이터 처리 속도를 높인 D램인데, 말 그대로 폭이 넓어 이동 가능한 데이터의 양이 많다.

그림 1-7 | GPU 옆에 붙어 있는 HBM

출처: AMD

GPU를 통한 인공지능 학습은 엄청나게 많은 양의 데이터를 가져와서 학습하고 내보내는 일의 반복이다. 반도체의 성능이 발전하면서 '연산 속도'는 매우 빨라지고 있는 반면 병목현상이 발생하는 부분이 있으니 바로 메모리 영역이다. 메모리에서 데이터를 가져와 연산을 반복하는 과정에서 '데이터를 가져오는 것'의 속도가 빨라지지 못하고 있다는 얘기다. 자동차는 많은데 고속도로가 좁아서 교통 정체가 발생하는 일과 비슷하다.

특히 최근의 딥러닝은 AI 모델의 크기가 기하급수적으로 커지는 방향으로 가고 있다. 이른바 트랜스포머 기반의 거대언어모델Large language mode, LLM의 등장 때문이다. 오픈AIOpen AI의 모델 GPT-1은 AI 모델의 매개변수(패러메터)가 1억 1,700만 개, GPT-2는 15억 개, GPT-3는 1,750억 개이고 최근 나온 GPT-4는 1조 개 정도로 추정되고 있다. 실로 엄청난 규모의 숫자다.

이렇게 데이터의 규모가 점점 커짐에 따라 발생하는 병목현상을 해결한 것이 D램을 층으로 쌓은 HBM이다. HBM이 등장한 지는 꽤 오래되었는데, 2013년 SK하이닉스가 처음 개발했고 삼성전자도 비슷한 시기에 개발을 한 것으로 알려져 있다. 두 회사는 2015년부터 엔비디아에 HBM을 납품하기 시작했고, 2016년에 나온 엔비디아의 P100 테슬라 GPU 가속기부터 HBM2가 사용되었다. 고성능컴퓨터HPC, 즉 AI 학습과 같은 고성능의 컴퓨팅 파워가 필요한 슈퍼컴퓨터에 엔비디아의 탑재 서버가 들어가

그림 1-8 | AI 모델 크기에 비해 느리게 늘어나는 GPU 메모리

게 된 것이다.

2016년 알파고^{AlphaGo}가 화제의 중심으로 떠오르면서 강화학습형 AI를 만들기 위해 GPU가 필요하다는 것도 알려지기 시작했다. 그러나 외부의 관심과는 별개로 초고성능의 GPU에 대한 수요는 폭발적으로 늘기보다는 점진적으로 증가했다. 당연히 HBM에 대한 수요도 서서히 늘어났다. HBM으로 데이터 병목 현상을 해결해야 할 만큼 고성능 컴퓨팅 파워에 대한 수요가 크지 않았기 때문이다.

하지만 이를 완전히 바꿔놓은 사건이 벌어졌으니, 2022년 11월에 등장한 챗GPT였다. 챗GPT처럼 거대언어모델이 AI 개발에서 대세로 자리 잡으며 컴퓨팅 파워에 대한 수요가 급증했고 이는 GPU에 대한 폭발적인 수요로 이어졌다. 그러면서 HBM의 중요성이 커지게 된 것이다.

SK하이닉스와 삼성전자의 운명이 달라지게 된 이유는 엔비디아의 GPU 중 AI 데이터센터를 위한 제품인 A100과 H100에 SK하이닉스의 HBM만 납품이 이뤄졌기 때문이다. 삼성전자는 HBM을 개발했긴 했지만 챗GPT로 시장의 판도가 달라지기 전까지는 HBM에 적극적이지 않았다. 작은 시장이라는 판단에 전력을 다하지 않은 것으로 알려졌다. 하지만 SK하이닉스는 오랫동안 엔비디아와의 관계를 유지하며 새로운 제품을 만들 때마다 HBM을 납품했고, 엔비디아의 매출이 날아오르기 시작하자 함께 비상할 수 있었다. SK하이닉스의 전체 D램 매출에서 HBM이 차지하는 비중은 2024년 기준 20% 정도까지 오를 것으로 예상된다. 또 글로벌 D램 시장에서도 2023년 8%에 불과했던 HBM의 매출이 2024년 21%까지 오를 것이라 전망되고 있다.

삼성전자로서는 발등에 불이 떨어진 상황이라 할 수 있다. 더군다나 엔비디아에 납품하는 2순위 기업은 미국 기업인 마이크론 테크놀로지Micron Technology가 되었다. 결국 삼성전자는 AI 반도체 시장에서 80% 이상의 점유율을 차지하는 엔비디아를 고객으로 확보하지 못하고 이제 막 도전자로 나선 반도체 기업 AMD Advanced Micro Devices에 공급하고 있는 것으로 알려졌다.

흔들리는 기술 리더십,
반도체 전쟁 2라운드의 시작

복잡한 구조의 HBM은 수율이 매우 낮은 편이다. SK하이닉스는 삼성전자보다는 높은 수율을 가지고 있는 것으로 알려져 있다. 사실 반도체 시장 전체를 놓고 보면 HBM 시장은 매우 작은 편이다. 삼성전자라는 거대한 공룡 기업의 입장에서 보면 HBM 시장은 더욱더 작다고 할 것이다.

그러나 지금 전 세계를 움직이는 가장 최첨단 기술인 AI 반도체에 HBM이 중요한 역할을 하고, 현재 AI 산업을 이끌고 있는 엔비디아에 납품을 하는 기업이 삼성전자가 아닌 SK하이닉스라는 점은 삼성전자로서는 큰 타격이 아닐 수 없다. 삼성전자가 오랫동안 지켜왔던 '기술 리더십'이 흔들린 것으로 보일 수 있기 때문이다.

메모리 반도체는 누가 뭐래도 삼성전자가 세계 1위 기업이고, 기술도 가장 앞서 있다. 그러나 이미 시장이 정체되고 있는 스마트폰이나 가전제품, 디스플레이 등에서는 시장의 기대치가 그리 높지 않다. 또한 HBM 시장에서 SK하이닉스에 뒤처진다는 것은 삼성전자 투자자들에게 매우 부정적인 요소일 수밖에 없다. 이렇듯 엔비디아라는 한 회사가 메모리 반도체 시장에서 굴지의 대기업인 삼성전자와 SK하이닉스의 위상까지도 흔들고 있는 것이다.

물론 최근 삼성전자도 체질 개선을 선언하며 반도체 전쟁 2라운드에서 승리하기 위해 총력을 기울이고 있다. 2024년 초 최초로 고대역폭 메모리 HBM3E 개발에 성공했으며 엔비디아 납품이 임박했다는 보도가 나오고 있다. 과연 이러한 삼성의 반격이 SK하이닉스와 엔비디아를 비롯한 경쟁사들에게 얼마나 큰 영향을 미칠 수 있을지는 두고 볼 일이다.

왜 전 세계는
엔비디아를
원하게 되었는가

2022년 11월 전 세계인들을 충격과 공포로 몰아넣었던 챗봇 챗GPT의 등장은 '생성형 AI'가 엄청난 비즈니스 기회가 될 수 있다는 사실을 테크 기업들에게 인지시켰다. 트랜스포머 모델을 바탕으로 한 거대언어모델(이하 LLM)이 놀라운 성능을 가지고 있고, AI에 대한 소비자들의 관심에 다시 불을 지필 수 있음을 깨달은 것이다. 당연히 테크 기업들은 너도나도 챗GPT 같은 LLM 개발을 위한 경쟁에 뛰어들기 시작했다.

챗GPT가 불붙인 '빅 3'의 경쟁

제일 먼저 발등에 불이 붙은 회사는 구글이었다. 챗GPT 출시 초기에 챗봇이 검색 시장의 판도를 바꿀 수도 있다는 전망까지 나왔던 터라 구글은 더욱 긴장할 수밖에 없었다. 오픈AI가 등장하기 전까지만 해도 AI 개발을 주도했던 구글은 그동안 만들어진 AI를 공개하는 데 소극적이었다. 하지만 오픈AI가 인공지능 연구에서 자신들을 앞서고 있다는 사실을 깨달은 후, 긴급하게 '바드Bard'라는 챗봇AI를 공개했고 구글 브레인과 딥마인드로 나뉘져 있던 AI 연구 조직을 하나로 합치는 등 조직 구조까지 개편했다.

반면 구글을 제외한 빅테크 기업들, 다시 말해 챗GPT가 직접적인 경쟁자가 아니었던 기업들의 이해관계는 좀 달랐다. 먼저 챗GPT를 만든 오픈AI에 투자했던 마이크로소프트로서는 챗GPT의 등장이 하늘이 준 기회였다. 자회사 깃허브Github를 통해서 코딩을 돕는 AI인 '깃허브 코파일럿Github Copilot'을 서비스하던 마이크로소프트는 '코파일럿'이라는 명칭을 마이크로소프트의 모든 서비스로 확장했다. 우리가 자주 사용하는 엑셀, 파워포인트 같은 생산성 앱, 검색엔진 빙Bing과 OS 체계인 윈도우까지 모든 제품에 GPT에서 나온 AI를 집어넣은 것이다. 심지어는 컴퓨터 키보드에까지 '코파일럿' 버튼을 추가하기까지 했다.

세계 최대 퍼블릭 클라우드 서비스 업체인 아마존웹서비스

그림 1-9 | 샘 올트먼 오픈AI CEO(왼쪽)와 사티아 나델라 마이크로소프트 CEO

출처: 마이크로소프트

AWS(이하 AWS)의 입장은 또 달랐다. 전 세계에 자체 데이터센터를 두고 이를 사용할 수 있는 공간과 컴퓨팅 파워를 고객에게 판매하는 아마존 클라우드 사업부인 AWS는 당연히 앞으로 챗GPT 사용자가 폭발적으로 늘어날 것이라 예측했다. 문제는 이런 AI가 AWS 같은 클라우드를 통해서 서비스가 되는데, 오픈AI는 마이크로소프트에만 독점적으로 기술을 제공하고 있다는 점이었다. 사람들이 챗GPT를 사용하면 할수록 마이크로소프트의 클라우드 서비스인 애저Azure의 사용량이 늘어날 것이었다. 아마존 입장에서는 고객들이 챗GPT를 사용하고 싶다고 해도 이를 제공해줄 수가 없는 상황인 것이다. 그렇다고 경쟁사인 구글의 AI를 제공해줄 수는 없는 노릇 아닌가. AWS로서는 구글과 다른 의미로 발등에 불이 떨어진 상황이었다. 결국 AWS는 오픈AI 출신이 나와서 설립한 또 다른 LLM 스타트업인 앤스로픽Anthropic에 투자를 했다.

빅테크들이 이렇게 생성형 AI에 올인하는 이유는 무엇일까? 단순하게 이야기하면 당연히 매출 때문이다. 구글, 마이크로소프트, 아마존 모두 퍼블릭 클라우드 사업을 한다. 우리가 챗GPT를 사용하면 이는 마이크로소프트의 애저 데이터센터에서 돌아가게 된다. 구글의 AI인 제미나이Gemini(바드에서 제미나이로 이름 변경)를 사용하면 구글 클라우드의 데이터센터에서 AI가 작동된다. 즉, 챗GPT 같은 AI에 대한 고객들의 사용이 늘어나면 늘어날수록 자신들이 운영하는 퍼블릭 클라우드의 사용량이 늘어나고, 이는 곧 매출과 이익의 증가로 나타나는 것이다.

엔비디아에 목매는 빅테크 기업들

구글, 마이크로소프트, 아마존은 이처럼 서로 다른 이해관계를 가지고 있었지만 한 가지 점에서는 입장이 동일했다. 바로 '엔비디아의 GPU'가 필요하다는 점이었다. 이들이 엔비디아의 GPU를 왜 이토록 필요로 하는지 제대로 이해하려면 먼저 오늘날 데이터센터 산업이 어떤 의미를 지니는지를 알아야 한다.

구글, 마이크로소프트, 아마존, 메타 등 전 세계를 대상으로 인터넷 서비스를 하는 빅테크 기업들은 모두 대규모의 '데이터 센터'를 운영하고 있다. 우리가 '서버server'라고 일상적으로 부르는 단어가 데이터센터에 가장 근접한 단어라 볼 수 있다.

인터넷이 처음 등장한 1990년대와 2000년대만 해도 서비스를 운영하는 회사가 직접 서버 컴퓨터를 구매해서 소유하거나 데이터센터에서 필요한 만큼의 서버를 구매 혹은 임대해 사용하는 형태가 보편적이었다. 그러다가 이러한 서버 컴퓨터를 탄력적으로 사용할 수 있는, 소위 '가상화Virtualization' 기술이 등장했다. 비유하자면 컴퓨팅 파워(데이터 연산과 저장)를 찰흙처럼 필요에 따라 나누고 합칠 수 있는 기술이다. 100이라는 서버 컴퓨터가 있으면 이를 10개로 나눠서 10개의 회사가 쓸 수도 있고, 필요하면 100을 더 가져와서 한 개의 회사가 200을 집중해서 쓸 수도 있다.

여기서 한 단계 더 나아간 것이 바로 퍼블릭 클라우드 서비스 Public Cloud service다. 데이터센터를 소유한 기업이 이를 다양한 기업들에게 필요한 만큼만 빌려주고 돈을 받는 방식이다. 마치 전기를 쓰는 양에 따라 돈을 내는 것처럼 컴퓨팅 자원도 필요한 만큼만 쓰고 그에 따라 돈을 내면 되는 것이다.

서버 컴퓨터를 직접 구매해 사용하는 형태에서 클라우드 서비스로의 전환은 혁명적인 변화를 가져왔다. 예전에는 기업이 인터넷 서비스를 제공하려면 서버를 직접 구매해서 소유하고 있어야 했다. 즉 자신의 데이터를 서버에 직접 저장해야 했고, 손실을 막기 위해 이를 이중삼중으로 백업도 해야 했다. 하지만 클라우드 서비스가 보편화되자 이런 업무를 클라우드 서비스 사업자Cloud Service Provider, CSP(이하 CSP)들이 담당하게 되었다. 인터넷 서비스를 제공하고자 하는 기업은 사용량만큼만 돈을 내면 된다. 예를 들어 내가 운영하는 사이트에 사용자가 폭발적으로 늘어나면 그만큼 돈을 더 내면 된다. 하지만 한 달 후에 사용자가 줄어들면 줄어든 만큼만 내면 된다. 서버를 과도하게 구축할 필요가 없어지게 된 것이다. 이제 미국에서는 기업의 퍼블릭 클라우드 서비스 사용이 보편화되었다. 대기업들도 자체적인 데이터센터를 구축하기보다는 CSP에게 사용한 만큼만 돈을 내는 경우가 많다.

그렇다면 CSP 회사들로는 누가 있을까? 우리가 소위 '소프트웨어 빅테크'라고 부르는 기업들이 대부분 CSP다. 바로 아마존(AWS), 마이크로소프트(애저), 구글(구글 클라우드)이다. 이런 CSP들은 기존에 이미 엄청난 규모의 데이터센터를 소유한 기업인 경우가 대부분이다. CSP의 원조인 아마존이 대표적인데, 세계 최대 전자상거래 사이트를 운영하면서 만든 인프라와 노하우를 CSP로 제공하는 것이 AWS다. AWS의 퍼블릭 클라우드 서비스가 성공을 거두자 마이크로소프트가 이 시장에 뛰어들었고, 구글이 다음 주자로 뛰어들었다.

현재 마이크로소프트는 이미 클라우드 회사라고 봐야 할 정도로 수익의 대부분이 클라우드 서비스에서 나온다. 아마존은

그림 1-10 | 세계 3대 클라우드사업자

클라우드 서비스 제공 업체	각 기업에서 제공하는 주요 AI 도구
AWS Amazon Web Services 	- **아마존 베드락**Bedrock: 다양한 생성형AI 모델 API를 제공하는 서비스. 앤스로픽, 미스트랄, 메타 라마 등 사용 가능 - **아마존 세이지메이커**Sagemaker: AWS 내에서 머신러닝을 위한 서비스 - **아마존Q**: 소프트웨어 개발과 기업 고객을 위한 AI어시스턴트
마이크로소프트 애저 Microsoft Azure 	- **코파일럿**: 마이크로소프트 AI 전반에 사용되는 브랜드 - **365 코파일럿**: 엑셀, 워드, 파워포인트에 적용되는 코파일럿 - **디자이너**Designer: 이미지 생성 AI 서비스 - **애저AI**: 애저 클라우드를 통해 서비스되며 베드락과 유사함. GPT-4o, Phi-3, 메타 라마 등 사용 가능 - **깃허브 코파일럿**: 코딩을 도와주는 코파일럿
구글 클라우드 Google Cloud Platform Google Cloud	- **제미나이**: 구글의 핵심 AI 모델, 구글 AI 전반에 사용됨 - **제미나이 코드 어시스트**Code Assist: 코딩을 도와주는 AI - **제미나이 포 워크스페이스**: 구글 독스Docs, 지메일 등에 사용되는 AI - **버텍스 AI**Vertex AI : 제미나이를 사용할 수 있도록 제공하는 클라우드 서비스

전체 매출에서 전자상거래 비중이 여전히 크지만, 순이익을 따지면 클라우드 서비스 사업의 비중이 훨씬 높다. 검색시장의 거인인 구글도 광고 의존도에서 벗어나기 위해 클라우드 서비스 사업에 집중하고 있다.

이외에도 미국의 CSP 회사들로는 오라클Oracle, IBM, 콘스탄트Constant(벌쳐Vultr) 같은 회사들이 있다. 미국 기업이 아닌 전 세계로 확대하면 알리바바Alibaba, 텐센트Tencent 같은 중국의 빅테크

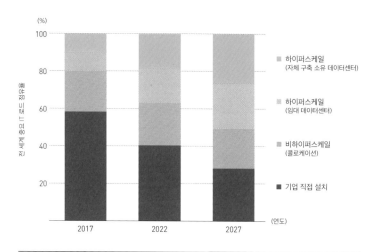

그림 1-11 | 점점 커지는 데이터센터 용량 트렌드

출처: 시너지 리서치 그룹

기업들도 클라우드 서비스를 제공한다. 한국에서는 네이버, 카카오, NHN 같은 회사들이 CSP 사업을 시작했다.

정리하자면 빅테크 3사인 마이크로소프트, 아마존, 구글 모두 이제는 '클라우드 서비스 회사'라고 봐야 한다. 다른 기업들에게 데이터센터를 빌려주는 사업을 하는 만큼 이들은 전 세계에 많은 데이터센터를 소유하고 있다. 이처럼 대규모 데이터센터를 운영하는 회사를 하이퍼스케일러Hyperscaler라고 부르는데, 초거대 스케일의 데이터센터를 운영한다는 뜻이다.

생성형 AI가 엄청난 사업 기회를 제공할 것으로 보이자 이들 하이퍼스케일러들은 앞다퉈 엔비디아에 GPU를 주문하기 시작했다. 그런데 수요는 너무 많았고 엔비디아가 만들 수 있는 GPU 수에는 한계가 있었다. 그러자 빅테크 기업들은 엔비디아의 GPU를 어마어마한 규모로 사들였다. 시장조사업체 옴디아 리서치Omdia Research에 따르면 2023년 3분기에만 마이크로소프트와 메타가 가장 많은 15만 개의 H100 GPU를 구매한 것으로 추정되고, 구글과 아마존도 5만 개 정도를 사들였다고 한다. 역시 대형 클라우드 서비스 회사인 오라클과 중국의 텐센트, 바이두Baidu, 알리바바도 H100의 주요 구매자였다.

특히 이러한 GPU 부족 상황은 2023년 8월에 제일 심했는데 '엔비디아의 H100을 누가, 얼마나, 언제 구했는지가 실리콘밸리의 가장 큰 가십거리'라는 말이 나돌 정도였다. 그래서 한때 'GPU 푸어Poor'라는 말이 유행하기도 했다. 자본력을 바탕으로 GPU를 쓸어담는 'GPU 부자'들과 달리 GPU를 구입할 수 없는 스타트업들이 스스로를 자조적으로 비하하면서 부른 말이었다.

많은 빅테크 CEO들이 GPU를 확보하기 위해 고군분투했고 그 과정에서 어려움을 호소하기도 했다. 일론 머스크 테슬라 CEO는 2023년 9월 실적 발표에서 "우리는 엔비디아 하드웨어를 많이 사용하고 있다. 엔비디아가 충분한 GPU를 공급해줄지 모르겠다. 엔비디아에는 지금 너무 많은 고객이 있다"고 말하기도 했다.

그렇다면 엔비디아는 어떻게 지금과 같은 시장점유율 90%가 넘는 독점에 가까운 위치에 오를 수 있었을까? 이토록 빅테크 기업들이 엔비디아의 GPU 반도체를 구하기 위해 줄을 서는 이유는 무엇일까? 그 이유는 바로 엔비디아가 다른 기업들은 절대 넘볼 수 없는 소프트웨어와 플랫폼이라는 강력한 '해자^{moat}'를 갖고 있기 때문이다. 이러한 GPU 품귀 현상은 독점의 폐해가 아닌 이들이 가진 '경제적 해자' 덕분이었다.

엔비디아가 초격차 기업이 된 비결

'해자'라는 단어는 경영학에서 자주 쓰이는 말로, 본래 뜻은 중세 시대에 성 주변에 땅을 파서 물을 채워놓은 공간을 말한다. 해자 덕분에 적들은 성을 쉽게 함락할 수 없다. 여기서 유래하여 현대 경영학에서는 어떤 기업이 다른 기업과의 경쟁에서 갖는 절대적인 우위 요소(저비용 생산, 높은 전환비용, 무형자산, 네트워크 효과, 규모의 경제 등)를 '경제적 해자'라는 표현을 사용해 설명하곤 한다.

버크셔 해서웨이의 CEO인 워런 버핏Warren Buffet이 이런 해자를 가진 기업에 투자하는 것으로 유명하다. 그가 꼽은 경제적 해자를 가진 대표적인 기업 중 하나가 코카콜라다. 코카콜라는 무형자산(브랜드 가치)이 막강한 경제적 해자로 작용해 오랜 기간 시장의 선도자 역할을 해오고 있다.

AI 반도체 시장에서 엔비디아는 다른 기업이 절대 진입할 수 있는 강력한 해자를 가진 기업으로 평가받는다. AI 반도체 시장에서 엔비디아의 점유율은 90% 이상이고, 영업이익률은 50%에 달한다. 시장조사기관 글로벌데이터^{GlobalData}에 따르면 엔비디아의 AI 가속기 부문 시장점유율은 90%로 추정된다. 또 반도체 전문 정보회사인 테크인사이츠^{TechInsights}는 데이터센터용 AI 가속기로 한정시킬 경우 엔비디아의 점유율은 98%에 달한다고 밝혔다.

엔비디아는 대체 어떻게 이렇게 강력한 해자를 가지게 된 걸까? 엔비디아는 GPU를 비롯해 하드웨어를 만드는 기업이지만, 사실 이들이 가진 경제적 해자의 원천은 소프트웨어와 이를 지탱하는 생태계에 있다. 엔비디아의 소프트웨어 생태계를 이해하려면 바로 그들이 개발한 프로그래밍 도구인 CUDA에 대해 알아야 한다.

한번 정해진 표준은 쉽게 바뀌지 않는다

CUDA는 'Compute Unified Device Architecture'의 약자로

2006년에 엔비디아가 발표한 기술이다. 컴퓨터에 들어가는 모든 반도체는 컴퓨터에 어떤 계산을 시키기 위해 사용된다. 그리고 이런 반도체에 명령을 내리는 위해서는 우리가 '프로그래밍 언어'라고 말하는 것을 이용해야 한다. 0과 1로 구성된 기계어에 가까운 언어인 어셈블리어^{assembly language}를 비롯해 C++이니 파이썬^{python}이니 하는 다양한 프로그래밍 언어들에 대해 한 번쯤 들어봤을 것이다.

프로그래밍 언어는 CPU에게 명령을 내리기 위해 만들어진 언어다. 그리고 이런 프로그래밍 언어에서 중요한 것이 '라이브러리'와 '프레임워크'다. 지금은 어느 누구도 프로그램을 완전히 제로베이스에서 작성하지 않는다. 다른 사람이 이미 작성해놓은 코드를 가지고 와서 이를 블록처럼 '조합'해서 만든다. 이런 여러 가지 자원을 라이브러리라고 한다. 그리고 이런 라이브러리를 목적별로 모아놓은 것이 프레임워크다. 다시 말해 어떤 프로그래밍 언어를 사용한다는 것은 관련된 라이브러리와 프레임워크까지 모두 사용한다는 의미가 된다.

CUDA는 CPU가 아닌 GPU에게 명령을 내리기 위한 프레임워크와 라이브러리를 모아놓은 소프트웨어 플랫폼이다. 그래서 AI뿐만 아니라 각 영역마다 다른 CUDA가 있다. GPU를 사용하는 고성능 연산이 필요한 모든 분야에 맞춰 엔비디아가 CUDA를 구성해놓았는데, 예를 들어 화학, 유체역학, 의료 이미지, 날씨 예측 등의 영역이 있다. 그중에서 가장 각광받고 있는

그림 1-12 | 대표적인 CUDA 도구 중 하나인 텐서RT

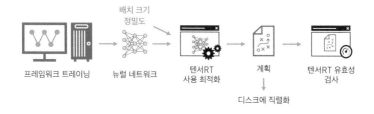

프레임워크 트레이닝 → 뉴럴 네트워크 → 텐서RT 사용 최적화 → 계획 → 텐서RT 유효성 검사

배치 크기 정밀도

디스크에 직렬화

분야가 바로 딥러닝 분야다. 딥러닝에 특화된 대표적인 CUDA가 'cuDNN'이다. 딥러닝 연구자들은 메타(당시 페이스북)에서 만든 파이토치ᴾʸᵀᵒʳᶜʰ나 구글에서 만든 텐서플로ᵀᵉⁿˢᵒʳFˡᵒʷ 같은 프레임워크를 바탕으로 프로그래밍을 하고 이를 cuDNN을 통해서 GPU에 명령을 내린다.

이런 프로그래밍 언어나 프레임워크의 가장 무서운 점은 호환성에 있다. CUDA를 사용해서 GPU를 프로그래밍하다 보면 GPU와 경쟁 관계인 새로운 반도체가 개발되어도 그것으로 이동하는 일이 쉽지 않다. 기존의 프레임워크에서 만든 것이 새로운 반도체에서는 호환되지 않을 수 있기 때문이다. 개발자 입장에서는 자신에게 익숙한 소프트웨어 생태계에서 빠져 나와 다른 생태계로 가는 것이 귀찮기도 하거니와 새로운 프래그래밍 언어를 배우는 비용도 적지 않다. 회사 입장에서는 반도체를 바꿨다가 기존에 쓰던 것이 모두 먹통이 되어버리는 불상사가 발생할

그림 1-13 | 인텔의 x86생태계와 Arm 생태계의 비교

인텔의 x86 생태계	Arm 생태계
- CISC Complex Instruction Set Computer 기반 - 인텔과 AMD가 주로 사용하는 아키텍처 - 주요 사용 분야: 개인 컴퓨터(PC), 서버, 데이터센터 - 성능: 높은 연산 성능과 병렬 처리 능력이 강점 - 소프트웨어 지원: 대부분의 소프트웨어는 x86 아키텍처에 최적화되어 있음. Windows, macOS, Linux 등의 주요 운영체제가 지원.	- RISC Reduced Instruction Set Computer 기반 - 라이선스 모델을 통해 다양한 반도체 설계업체에 IP를 제공. - 주요 사용 분야: 모바일 기기(스마트폰, 태블릿), 임베디드 시스템, IoT 기기. 최근에는 서버 및 클라우드 컴퓨팅에서도 성장 중 - 성능: 전력 효율성 - 소프트웨어 지원: 최근 애플, AWS 등이 Arm을 이용 중. Arm용 애플리케이션과 소프트웨어 생태계가 지속적으로 성장 중.

수도 있다.

이는 반도체 생태계가 가진 특징이기도 하다. 우리가 사용하는 CPU는 크게 인텔이 만든 x86 생태계와 Arm 기반의 생태계 두 가지가 있다. x86 생태계는 PC에서 사용하는 인텔과 AMD CPU가 대표적이고, Arm은 아이폰과 갤럭시 등 스마트폰용 반도체AP에서 많이 쓰인다. x86와 Arm은 서로 다른 아키텍처(하드웨어와 소프트웨어를 포함한 컴퓨터 시스템 전체 설계방식)를 가지고 있기 때문에 상호호환이 되지 않는다. 그래서 프로그래밍

도 달라진다. 물론 이를 변환해주는 기술도 있지만 당연히 더 불편하다.

AI 학습의 경우, 초기 연구자들이 GPU를 사용해왔고 엔비디아가 이를 훌륭하게 지원해줬기 때문에 계속 엔비디아의 GPU를 사용해왔다. 현존하는 AI 코드의 대부분이 CUDA를 기반으로 짜여졌다고 해도 과언이 아니다. 한마디로 엔비디아의 GPU가 AI 개발의 '업계 표준'으로 정해진 것이다. 이런 상황에서 더 우수한 성능의 GPU 반도체가 나온들 이를 사용하려면 기존에 해왔던 모든 것들을 갈아엎어야 하는데 그런 리스크를 감당하려는 기업이 어디에 있겠는가. 무엇보다 경쟁 제품의 성능이 좋아진다고 해도 엔비디아도 이전 세대보다 더 좋은 제품을 계속해서 내놓고 있기 때문에 시간을 두고 기다리면 엔비디아 GPU의 성능이 더 좋아질 테니 더더욱 바꿀 이유가 없다.

《뉴욕 타임스》는 2024년 2월, 한 기사에서 "수십 년간의 선구적인 투자에 뿌리를 둔 엔비디아의 독보적인 AI 관련 지식재산은 엔비디아를 반도체 리그에서 차별화하고 있다"고 평하기도 했다. 이렇듯 '비싸도 사용할 수밖에 없는' 압도적 성능과 생태계 지배력을 가진 덕분에 엔비디아 GPU가 가진 경제적 해자를 깨기란 정말 어렵다. 산업의 판도가 바뀔 만큼 큰 변화가 오지 않는 한, 사용하는 반도체를 바꾸기란 쉽지 않기 때문이다. 엔비디아 GPU의 대체재를 찾기 어려워질수록 엔비디아는 자신들의 해자를 더욱 강력하게 구축할 것이다. 지금, 그리고 앞으로도 우리가 엔비디아를 계속해서 주목해야 하는 이유가 바로 여기에 있다.

NVIDIA
WAY

PART 2

스타트업에서
AI 반도체 공룡이
되기까지

"위기의 시기에는 진정한 자질을 갖춘 CEO들이
모습을 드러냅니다. 그리고 이때(리바128 출시 직전) 우리는
투자자이자 이사회 구성원으로서 젠슨이 위기를 관리하는 방식이
정말 특별하다는 사실을 알게 됐습니다."

마크 스티븐스
벤처 캐피탈리스트, 전 세콰이어 캐피탈 파트너, 엔비디아 이사진

대만에서 온 소년, 아메리칸 드림을 꿈꾸다

세상을 뒤흔들고 있는 위대한 기업 엔비디아를 만든 사람은 누가 뭐래도 젠슨 황 엔비디아 CEO 겸 창업자다. 1993년 엔비디아를 창업하면서 CEO가 된 그는 이후 단 한 번도 CEO 자리에서 물러나지 않았다. 그때부터 지금까지 엔비디아라는 회사의 비전을 제시하고 이를 꾸준히 밀고 나갔으며 여전히 사내에서 절대적인 신뢰를 받고 있다. 또 주주와 투자자들에게도 큰 믿음을 얻고 있다.

백인 남성이 주류 사회를 이루는 실리콘밸리에서 대만 출신이민자인 그의 존재는 매우 독특하다. 게임용 그래픽 카드를 만드는 작은 스타트업에서 반도체 거인 인텔을 제치고 미국 기업 전체 시총 1위에 오른 엔비디아의 기업사는 대만에서 건너온 1.5세대 이민자인 젠슨 황이라는 한 인간의 개인사와 그대로 겹쳐진다고 해도 과언이 아니다. (엔비디아의 시가총액은 5년 전만 해도 20위권 밖이었고, 2년 전에는 10위 정도, 2023년에 5위 정도로 올라오더니 2024년 들어서든 3위, 2위, 그리고 6월에는 1위에 등극했으나 순위 변동이 커서 계속 마이크로소프트, 애플 등과 엎치락뒤치락 중이다.)

1963년 대만의 남쪽 도시 타이난에서 출생한 그는 다섯 살 때 아버지가 태국에서 일하게 되면서 부모와 함께 태국으로 가게 된다. 하지만 태국이 정치적 혼란에 빠지자 그의 부모는 아홉 살의 젠슨 황과 형을 삼촌이 있는 미국 워싱턴주 타코마로 보낸다. 에어컨 회사에서 일하던 그의 아버지는 1960년대 처음 미국 땅을 밟게 됐는데 그때부터 자녀들을 미국으로 보내서 키우겠다는 꿈을 가졌다고 한다.

하지만 미국에서의 생활은 녹록지 않았다. 그에게 미국에서의 첫 기억은 온갖 인종차별과 폭행으로 가득했다. 미국에 있던 친척이 그와 형을 데리고 있었는데 괜찮다고 해서 보냈던 켄터키 주에 있는 학교가 당시 범죄를 저지른 10대들이 가는 결코 좋은 학교라고 할 수 없는 곳이었다. 그곳에서 형과 함께 초등학교 시절을 보냈고, 젠슨 황의 가족은 부모가 오레곤으로 건너온 다음에야 비로소 한자리에 모일 수 있었다.

그림 2-1 │ 젊은 시절의 젠슨 황

어릴 때부터 수학에 두각을 보였던 젠슨 황은 포틀랜드의 알로하 고등학교를 2년 일찍 졸업하고 1992년, 오레곤 주립대학교에 들어가 전자공학을 전공했다.

대학을 졸업한 1984년, 첫 직장으로 선택한 곳은 AMD였다. 처음으로 실리콘밸리에 발을 들여놓은 순간이자, 반도체 산업에서의 커리어를 본격적으로 시작하게 된 순간이었다. 페어차일드 반도체Fairchild Semiconductor 출신이 만든 실리콘밸리의 대표적 반도체 기업인 AMD에서 젠슨 황은 당시 막 떠오르기 시작한 '마이크로프로세서'를 설계하는 작업을 맡았다. 마이크로프로세서는 지금 우리가 알고 있는 CPU의 전신이다.

그는 이후 LSI 로직LSI Logic으로 이직하여 그곳에서 10년 가까이 일하며 엔지니어링, 마케팅, 관리 업무까지 담당하며 차곡차곡 자신만의 커리어를 쌓게 된다(LSI 로직은 후에 브로드컴 리미티드Broadcom Inc.에 인수되었다).

패밀리 레스토랑 한구석에서 시작된 회사

엔비디아는 1993년, LSI 로직에 다니던 젠슨 황과 선마이크로시스템스Sun Microsystems에 다니던 크리스 말라초스키Chris Malachowsky, 커티스 프리엠Curtis Priem이 모여 의기투합하면서 만들어졌다.

1959년생으로 플로리다 대학교를 졸업한 말라초스키는 휴렛팩커드Hewlett Packard를 거쳐 당시 선마이크로시스템스에서 일하던 엔지니어였다. 동갑내기인 커티스 프리엠 역시 IBM에서 일하다 선마이크로시스템스로 이직해 그래픽 프로세서를 디자인하고 있었다. 세 사람은 실리콘밸리에서 회사를 다니는 반도체 개발자로 자연스럽게 만나게 됐는데, 당시 선마이크로시스템스에 필요한 반도체를 LSI 로직에서 납품하고 있었기 때문이다.

업무 담당자로 만났지만 비슷한 나이에 비슷한 일을 하던 세 사람은 이내 뜻이 통했다. 1993년은 인텔이 펜티엄(i586) CPU를 발매하고, 마이크로소프트가 '윈도우 3.1'을 서비스하던 시기였다. 마우스를 가지고 화면을 클릭하는 GUI 인터페이스가 보

그림 2-2 | 커티스 프리엠 엔비디아 공동창업자

편화되고 컴퓨터에서 '그래픽'이라는 것의 중요성이 점점 커지고 있었다.

특히, 게임 쪽에서 더 우수한 그래픽에 대한 수요가 늘어나고 있었는데 1993년에 나온 '둠Doom'이라는 게임이 이런 수요를 폭발시켰다. 세 사람은 소프트웨어도, 게임도 잘 몰랐지만 '앞으로 그래픽의 중요성이 점점 더 커진다면 그래픽 처리를 해주는 반도체도 더 중요해지지 않을까?'라는 생각을 공유하게 된다. 그들은 개발자로서 빠르게 발전하는 PC 시장에서 필요한 반도체가 무엇인지를 함께 고민하며 자연스럽게 창업에 뜻을 모았다.

그렇게 1993년, 젠슨 황은 두 사람과 함께 엔비디아를 설립하고 CEO의 자리에 올랐다. 이후 그들이 했던 한 인터뷰에 따르면, 말라초스키와 프리엠은 자신들보다 네 살이나 어렸지만 명석함이나 리더십 측면에서 더 뛰어났던 황을 CEO로 앉히는 게 맞다고 생각했다고 한다.

실리콘밸리의 많은 기업들이 그렇듯이 엔비디아의 시작도 소박하기 그지없었다. 엔비디아가 처음 설립된 장소는 다름 아닌 패밀리 레스토랑이었다. 젠슨 황이 열다섯 살부터 접시를 닦았던 바로 그곳, '데니스Denny's'의 새너제이 매장이 세 사람이 모이는 장소였다. 그들은 레스토랑 테이블 한구석에 모여서 미래 실리콘밸리를 지배할(당시는 몰랐겠지만) 사업 아이디어를 논의하곤 했다. 2023년 9월, 데니스는 엔비디아가 기업가치 1조 달러를 돌파하자 엔비디아와 함께 창업자들을 지원하는 1조 달러 인큐베이터 경진대회를 열고 새너제이 매장에 그들이 늘 앉아 밥을 먹던 테이블을 '엔비디아의 1조 달러 자리'로 헌정했다. 재미있는 점은 이 1조 달러 자리를 만들고 불과 반년 만에 엔비디아의 기업가치가 두 배로 올라 2조 달러 기업이 됐다는 점이다. 그래서 이 자리는 '2조 달러 자리'로 바뀌었는데 곧 '3조 달러 자리'로 바뀔 예정이다.

회사를 막 창업한 세 사람에게는 돈이 없었다. 다행스럽게도 당시 실리콘밸리에는 벤처캐피털이라는 투자 기업들이 자리를 잡은 상태였다. 젠슨 황은 LSI 로직에서 일할 때 자신의 상사였던 윌프레드 코리건Wilfred Corrigan을 통해 실리콘밸리의 유명 벤처

그림 2-3 | 엔비디아가 처음 탄생한 데니스 레스토랑 자리

캐피털인 세콰이어 캐피털Sequoia Capital의 창업자 겸 CEO인 돈 발렌타인Don Valentine을 소개받는다. 1974년 설립된 세콰이어 캐피털은 아타리Atari(미국 비디오 게임회사), 애플, 시스코, 구글 등에 투자한 것으로 유명한 회사다. 코리건은 발렌타인에게 전화를 걸어 이렇게 말했다.

"이봐 돈, 내가 젊은 친구 한 명을 보낼 거야. 내 밑에서 일하던 직원 중 최고인 녀석인데, 이 친구가 뭘 할지는 잘 모르겠지만 애한테 돈을 좀 줘."

젠슨 황의 회고에 따르면, 그는 발렌타인 앞에서 최악의 투자 피칭을 했다고 한다. 하지만 코리건에게 부탁을 받은 발렌타인

은 결국 엔비디아에 투자를 하기로 한다. 다음과 같은 말을 남기면서 말이다.

"만약 내 돈을 날려버리기라도 하면, 그땐 널 죽여버릴 거야."

그제야 젠슨 황과 엔지니어 두 사람은 데니스 레스토랑을 떠나서 사무실을 구할 수 있었다. 젠슨 황의 나이가 막 서른이 되던 해였다.

호기로운 시작,
처절한 실패

호기롭게 창업은 했지만 세 사람은 정확히 그들이 만들어야 하는 제품이 무엇인지를 몰랐다. PC 시장을 위한 반도체가 있다면 좋겠다는 생각을 하긴 했으나 막상 PC에 대해서는 잘 몰랐던 탓이다. 그래서 구체적으로 무엇을 만들어야 하는지, 또 어떤 시장을 공략해야 하는지 전혀 개념이 없는 상태였다. 일단 세 사람은 PC 시장에 대한 공부를 시작했다.

그들이 막 창업을 했을 무렵, 2D 그래픽 카드 시장에는 이미 너무 많은 기업들이 자리를 잡고 있었다. 자일링스Xilinx, 알테라Altera, 시러스 로직Cirrus Logic 같은 회사들이었다. 세 사람은 논의

끝에 2D 그래픽이 아닌 3D 그래픽용 반도체를 만들어야 한다는 결론에 도달하게 된다. 그러나 당시 PC 분야에서 3D 그래픽 시장은 존재하지 않았다. 고성능을 요구하는 3D 그래픽 작업을 굳이 PC에서 할 필요가 없었기 때문이다. 그러나 딱 한 곳, PC에서 3D 그래픽에 대한 수요가 뜨거웠던 분야가 있었으니, 바로 게임 시장이었다.

그러나 게임 시장은 그때만 해도 10대들이 주 고객이었고 기업들에게는 진지한 시장으로 받아들여지지 않았다. 세 사람도 게임 시장에 대해 잘 모르기는 매한가지였다. 그들은 경쟁이 치열한 기존 2D 그래픽 카드 시장에 추격자로 뛰어들지, 아니면 미래가 불투명한 게임용 3D 그래픽 카드 시장에 선구자로 뛰어들지를 고민을 거듭했다. 그리고 결국 치열한 경쟁을 피해 게임 시장에 뛰어들기로 결론을 내린다.

'비싸기만 한 쓸데없는 제품'을 만들다

세 사람은 경쟁사들이 부러워^{envy}하는 회사를 만들고 싶어서 'NV'라는 글자와 그래픽 카드 회사라는 정체성을 드러내는 단어 '비전^{vision}'을 합쳐 '엔비전^{NVision}'이라고 회사명을 지으려고 했다. 하지만 이미 같은 이름을 가진 회사가 있던 탓에 라틴어로 '질투'를 뜻하는 인비디아^{Invidia}와 결합해 회사명을 엔비디아로

정한다.

회사가 설립되고 약 2년 만인 1995년, 엔비디아는 첫 제품인 'NV1'을 공개한다. 젠슨 황은 스스로 NV1를 문어 같은 제품이라고 평가했는데 3D 그래픽, 비디오 처리, 오디오 웨이브 테이블 처리, IO 포트, 게임 포트 등 다양한 기능이 있었기 때문이다. 심지어 UDA라고 하는 프로그래밍 모델도 만들었다. NV1은 무선 어댑터인 동글dongle과 함께 제공되다 보니 실제로 문어처럼 생기기도 했었다. 그러나 NV1은 여러 기능을 갖고 있었던 만큼 너무 비쌌고 쓸데없는 기능도 너무 많았다.

세쿼이아 캐피털을 대표해 엔비디아의 이사회에 참여했던 마크 스티븐스Mark Stevens는 NV1을 '스위스 아미 나이프'라고 평가했다. 이것저것 다 할 수 있지만 정작 일상생활에는 쓰이지 않는

그림 2-4 | 엔비디아의 첫 반도체 NV1

출처: 엔비디아

멋있기만 한 제품이라는 뜻이었다.

엔비디아는 NV1을 유통사인 '다이아몬드 멀티미디어Diamond Multimedia'에 총 25만 대 판매했는데 무려 24만 9,000대가 반품되며 겨우 1,000대가 팔리는 데 그쳤다. 엔비디아의 첫 제품은 이렇게 재앙 수준의 실패를 거뒀다. 젠슨 황은 "누구도 스위스 아미 나이프를 직접 사지 않는다. 그건 크리스마스에 받는 선물이다"라면서 "창업 후 3년간 우리가 저지른 실수만으로도 책 한 권을 쓸 수 있다"고 말했다.

NV1은 처절하게 실패했지만 엔비디아는 당시 일본의 대표적인 콘솔 게임기 회사인 세가SEGA와 함께 일할 수 있는 기회를 얻는다. 당시 '버추어 파이터' 같은 3D 기반의 게임을 만들고 있었던 게임 업계의 선구자 세가는 차세대 콘솔 기기에 들어갈 그래픽 카드가 필요했고, 엔비디아는 그걸 제공해줄 수 있는 회사였다. 그렇게 세가와 엔비디아는 서로의 필요를 충족시키기 위해 손을 잡았다.

첫 번째 제품에서 큰 실패를 거두는 사이, 경쟁이 없다고 생각한 3D 그래픽 카드 시장에 하나둘 새로운 경쟁사들이 진입하기 시작했다. 그런데 이 경쟁사들은 엔비디아와는 다른 아키텍처를 사용하고 있었다. 당시 엔비디아는 사각형 기반의 그래픽을 렌더링하는 반도체를 개발 중이었는데, 다른 경쟁사들은 모두 삼각형 기반으로 그래픽을 렌더링하는 반도체를 개발하고 있었던 것이다. 결정적으로 1995년 '윈도우 95'와 함께 윈도우용

그림 2-5 | 엔비디아의 NV1 칩셋이 탑재된 세가의 게임 버추어 파이터

출처: 위키피디아

종합 라이브러리 다이렉트X를 내놓은 마이크로소프트가 삼각형 기반 아키텍처를 지원하고 있었다. 업계의 표준에서 엔비디아만 엉뚱한 방향으로 가고 있었던 것이다.

기술적으로 들어가자면 엔비디아는 포워드 텍스처 매핑forward texture mapping이라는 방식을 사용하고 있었고, 다른 기업들은 인버스 텍스처 매핑inverse texture mapping이라는 방식을 사용하고 있었다. 젠슨 황은 지금까지의 방식을 버리고 인버스 텍스처 매핑을 사용해야 한다는 것을 깨달았다.

문제는 세가와의 계약이었다. 콘솔에 들어가는 그래픽 카드

인 'NV2'를 만들어주기로 했는데 이를 만들었다가는 업계의 방향과 반대로 가기 때문에 회사가 망할 수밖에 없었던 것이다. 그렇다고 이미 맺은 계약을 무시하고 그냥 중단할 수도 없는 노릇이었다.

결국 그는 당시 세가 사장이었던 쇼이치로 이리마지리^{Shoichiro Irimajiri}를 만나 솔직하게 얘기하기로 한다. 현재 우리가 당신과 함께 개발하고 있는 방식은 틀렸고, 약속대로 NV2를 만들면 엔비디아는 망할 수밖에 없다는 사실을 말이다. 이리마지리 사장은 젠슨 황에게 무엇을 원하는지 물었고, 황은 그래픽 카드 개발 계획은 중단하지만 개발 지원금은 그대로 달라고 말했다. 세가 입장에서는 아무것도 얻는 것이 없는, 그렇게 해줄 이유도 없는 제안이었다.

하지만 이리마지리 사장은 며칠 고민 후 젠슨 황을 도와주기로 한다. 계약은 해지하지만 개발 자금은 그대로 지급한 것이다. 남은 돈은 500만 달러, 이 돈을 쓰고 나면 엔비디아는 바로 문을 닫을 수밖에 없었다.

우리는 망할 날이
30일밖에
남지 않았습니다

이때쯤부터 젠슨 황은 "우리는 망할 날이 30일밖에 남지 않았습니다We're only 30 days away from going outta' business"라는 말을 입에 달고 살기 시작했다. 틀린 말도 아닌 것이 실제로 그랬기 때문이다. 500만 달러의 금액은 새로운 반도체를 한 번 테이프아웃tape out 하면 끝나는 금액이었다.

반도체 산업에서 테이프아웃이란 설계를 마친 반도체를 제조 공정(팹)에 보내는 것을 말한다. 테이프아웃을 하면 설계를 마친 회로가 포토마스크(유리기판)에 그려지게 되고 이를 바탕으로 웨이퍼에 반도체가 만들어진다. 그런데 이때만 해도 테이프아웃을 해서 반도체가 만들어지면 이것을 가져와서 소프트웨어를 돌려보고 버그를 찾는 것이 보편적이었다. 그러다 보니 테이프아웃을 하더라도 최종 생산까지는 1년~1년 반 정도가 더 걸렸다. 그런데 엔비디아의 남은 자금 500만 달러로는 테이프아웃을 단 한 번밖에 할 수 없었다. 한 번의 테이프아웃으로 완벽한 반도체를 설계하고 이를 바로 생산에 보내야만 했다.

어떻게 문제를 해결해야 할지 고민하던 젠슨 황은 당시 완성된 반도체를 에뮬레이션(모방)할 수 있는 장비를 만드는 회사가 있다는 사실을 알게 된다. 하지만 이 회사는 이미 폐업한 상태였고, 그는 그 회사를 직접 찾아가 창고에 쌓여 있는 재고를 발견해 구매해온다. 엔비디아는 이 반도체 에뮬레이터로 세 번째 제품을 개발했고, 테이프아웃을 한 칩은 바로 정상적으로 작동에 성공했다.

바로 이렇게 해서 탄생한 제품이 엔비디아의 첫 히트작인 '리바RIVA128 NV3'였다. 1997년에 세상에 나온 리바128은 출시 4개월 만에 100만 대가 판매되면서 게임용 그래픽 카드 시장에 파란을 일으켰다. 1997년 게임 '둠'의 후속작인 '퀘이크'가 출시됐는데 리바128이 탑재된 PC에서 퀘이크는 매우 잘 작동되었다. 망할 날이 30일밖에 남지 않았던 회사가 날린 마지막 3점 슛이 버저비터가 되면서 경기를 우승으로 이끈 것이다.

그렇게 리바128 덕분에 엔비디아는 게임 업계에서 가장 주목받는 기업 중 하나로 떠올랐다. 게임 산업에서는 계속 우수한 그

그림 2-6 | 지금의 엔비디아를 만든 리바128 NV3

래픽에 대한 수요가 높았고 특히 1999년 엔비디아가 출시한 '지포스GeForce 256'은 엔비디아를 그래픽 카드 업계의 확고한 강자로 올려놓게 된다.

주가 12달러에서
시장점유율 90% 기업으로

여세를 몰아 엔비디아는 1999년 나스닥 상장에도 성공한다. 상장 주가는 12달러였다. 당시 엔비디아의 매출은 1억 5,800만 달러(약 2,100억 원)에 불과했다(엔비디아의 2024년 회계연도 매출은 609억 달러로, 약 400배가 올랐다).

엔비디아는 지포스 출시와 함께 'GPU'라는 용어를 새롭게 내놓는다. 그동안 PC를 가동시키는 중앙프로세서는 CPU라고 불리면서 컴퓨터의 부품 중 가장 중요한 위치를 차지했다. 그리고 이를 만드는 인텔은 반도체 시장의 제왕이나 다름없었다. 그러던 것이 이제 그래픽 카드의 메인 반도체에 GPU라는 이름을 붙이면서 이 반도체도 CPU와 같은 수준의 반도체로 인식될 수 있는 계기를 마련한 것이었다.

물론 게임 그래픽 카드 시장의 경쟁은 치열했다. 빠르게 성장하는 게임 시장에서 기회를 본 많은 기업들이 발 빠르게 뛰어들었기 때문이다. 엔비디아보다 1년 늦게 창업해 부두Voodoo 그래픽 카드를 내놓은 3dfx 인터랙티브3dfx Interactive도 중요한 경쟁사였고, 엔비디아보다 훨씬 일찍 창업해 경쟁사로 떠오른 ATI 테크놀로지스ATI Technologies도 있었다. 하지만 결과적으로 최종 승자는 엔비디아였다. 3dfx는 2002년 파산했고, ATI는 2006년 AMD에 인수되었다. 그리고 2024년 6월, 그래픽 카드 시장은 엔비디아가 3분의 2 이상 시장점유율을 차지하고 있을 정도로 그 비중이 압도적이다.

GPU로 AI 시대의 서막을 열다

게임 시장은 지금의 엔비디아를 만들어준 기회의 장이었지만 게임에 의존하는 엔비디아는 항상 불안함을 느꼈다. B2C에만 의

존하는 사업구조는 경기 변동에 취약했기 때문이다. 2008년 금융위기 직전, 엔비디아는 하루 사이에 30%의 주가 폭락을 경험하기도 했다.

당시 젠슨 황이 했던 한 인터뷰에 따르면, 엔비디아는 새로운 시장에 진출해 그곳에서 훌륭한 제품을 만들고 쫓겨나는 일이 반복됐다고 한다. 그는 "우리는 2000년에 GPU와 프로그래머블 셰이더programmable Shader(GPU 프로그래밍에 사용되는 소프트웨어 명령의 집합. 컴퓨터 그래픽의 핵심 기술에 속한다)를 발명했고 이것을 마더보드 칩과 결합하려고 했다"면서 "당시 AMD CPU와 결합한 그래픽 칩을 출시해 큰 성공을 거뒀다"고 설명했다. 하지만 AMD가 ATI를 인수해 직접 라데온Radeon 그래픽 카드를 내놓으면서 엔비디아와의 협력 관계는 중단됐다.

젠슨 황은 "결국 우리는 (AMD의 경쟁사인) 인텔과 손을 잡았고 나중에는 애플 맥북에어에 이를 공급할 수 있었다"고 설명했다. 하지만 인텔에서도 엔비디아와 협력을 하고 싶지 않다고 계약을 중단하면서 결국 이 시장에서 쫓겨날 수밖에 없었다. 작은 반도체 회사에 불과했던 엔비디아는 철저하게 '을'의 입장에 있었던 것이다.

위기를 느낀 엔비디아는 매출을 다변화하기 위해 활로를 모색하기로 한다. 게임을 넘어 GPU가 사용될 수 있는 다양한 영역을 찾기 시작한 것이다. 특히 슈퍼컴퓨터와 모빌리티(자율주행차) 같은 B2B 영역에서 사업을 확장시키고자 했다. 그리고 바로 이러한 결정이 지금의 엔비디아를 만든 중요한 계기가 되었다.

우리가 흔히 '슈퍼컴퓨터'라고 부르는 것은 사실 한 대의 컴퓨터가 아닌 여러 대의 대형 컴퓨터들이 연결된 클러스터를 의미한다. 초당 100경 번의 연산을 처리하는 엑사플롭스$^{exa\ Flops}$급 슈퍼컴퓨터는 주로 과학 연구, 기상 예측 등 대규모의 연산이 필요한 분야에서 사용된다.

엔비디아는 이런 슈퍼컴퓨터에 GPU가 쓰일 수 있다고 보았고, 그렇게 2000년대 초반 GPGPU$^{General\ Purpose\ GPU}$라는 것을 선보였다. CPU를 중심으로 돌아가는 슈퍼컴퓨터에 GPU가 보조적인 역할을 할 수 있다고 본 것이다. 2007년 슈퍼컴퓨터 시장을 노리고 출시된 '엔비디아 테슬라$^{Nvidia\ Tesla}$'를 시작으로 엔비디아는 본격적으로 슈퍼컴퓨터 시장에 뛰어들게 된다.

그리고 이때의 도전이 오늘날 AI 시대를 지배하게 된 엔비디아로 연결되었다. 지금 우리가 경험하고 있는 AI 시대는 2007년 엔비디아에 의해 시작되었다고도 할 수 있는 것이다. AI 학습은 결국 GPU가 많이 설치된 슈퍼컴퓨터에서 이뤄진다. 이렇게 슈퍼컴퓨터 시장에 진출하면서 쌓인 노하우와 네트워크는 십여 년이 지난 후 AI 반도체 시장에서의 절대적인 점유율로 연결될 수 있었다.

그래픽 카드 회사에서 AI 기업으로의 전환

엔비디아가 게임 시장에서 벗어나 찾은 B2B 시장 중 하나는 바로 자율주행차였다. 오래전부터 개념으로만 존재해왔던 자율주행차는 2004년과 2005년 열린 미국방연구원DARPA이 주최한 자율주행차 경진대회를 계기로 전 세계 대학 및 기업들의 최대 관심사로 떠올랐다. 이 대회에서 우승한 스탠퍼드 대학 팀이 구글에 들어가게 되면서 본격적인 구글의 자율주행차 연구가 시작되기에 이른다.

시간이 흘러 2010년, 구글이 자율주행차를 연구하고 있다는 소식이 알려지면서 자율주행차에 대한 관심은 더 높아졌고, 2014년이 되자 자율주행차 시장에 너나 할 것 없이 수많은 기업들이 뛰어들었다. 기존의 자동차 회사들은 물론 전기차 시장에 막 진입한 테슬라도 2014년부터 자율주행차 개발에 본격적으로 나서기 시작했다. 2024년 결국 포기하기는 했지만 애플도 2014년부터 자율주행차 연구에 돌입했다.

엔비디아가 이 시장이 만들어낸 거대한 기회를 놓칠 리 없었다. 자율주행차는 결국 인공지능으로 움직일 수밖에 없고, 그러려면 그것을 움직이게 할 반도체가 필요했다. 엔비디아는 자율주행차를 위한 반도체와 플랫폼을 만들면 이를 통해 다양한 고객들에게 서비스를 제공할 수 있을 것이라 전망했다.

그들의 첫 고객은 독일 폭스바겐Volkswagen 산하의 아우디Audi

였다. 두 회사가 2014년 협력을 발표한 이후 메르세데스벤츠 Mercedes-Benz, 재규어랜드로버Jaguar Land Rover, 볼보Volvo, 현대자동차 그룹, BYD, 폴스타Polestar, 니오Nio 같은 기업들이 엔비디아의 드라이브 플랫폼 안으로 들어왔다. 엔비디아의 드라이브 플랫폼은 AGX라고 불리는 차량 내 반도체, AI를 학습시키는 데이터센터까지 모든 솔루션을 제공하는 것이 특징이다. 그런 이유로 많은 완성차 회사와 전기차 스타트업이 엔비디아의 자동차 솔루션을 사용하고 있다.

2015년 GTC(엔비디아가 주최하는 연례 개발자 콘퍼런스)에는 일론 머스크 테슬라 CEO가 기조연설자로 참여하기도 했다. 테

그림 2-7 | 엔비디아 테그라 반도체

출처: 엔비디아

슬라는 독자적으로 그들만의 자율주행차 플랫폼을 만들고 있지만 자율주행차 학습을 위한 AI 데이터센터 구축에는 엔비디아의 GPU를 대량으로 사용해오고 있다.

자율주행차 외에도 엔비디아는 스마트폰의 시대가 오자 모바일 반도체를 설계해서 팔기도 했다. 엔비디아 테그라^{Nvidia Tegra}가 그것이다. 테그라는 태블릿PC에 많이 사용되었는데 모토로라 줌이나 갤럭시탭 10.1 같은 제품에 탑재되었다. 하지만 테그라는 큰 성공을 거두지 못하고 2021년 거의 사업을 접었다. 그러나 테그라를 통해 구축한 기술은 전기차용 반도체 엔비디아 드라이브, 로봇용 반도체 엔비디아 젯슨^{Nvidia Jetson}, 데이터센터용 CPU 그레이스^{Grace}를 만드는 밑바탕이 되었다.

딥러닝의
부상이 가져온
절호의 기회

B2C 시장인 게임 시장에서 벗어나 다양한 영역으로 사업 확대를 준비하던 엔비디아에게 하늘이 준 또 다른 기회가 다가왔다. 바로 인공지능, 특히 딥러닝의 부상이었다.

지금은 인공지능의 기반이 되는 기술로 큰 각광을 받는 분야지만 오랫동안 딥러닝은 현실성이 떨어지는 학문으로 평가받아왔다. 크게 두 가지 문제가 있었는데, 하나는 인공신경망을 구축하기 위한 컴퓨팅 파워가 부족하다는 점이었고 다른 하나는 실제 인공신경망의 성과가 뛰어나다는 것이 입증되지 않았다는 점이었다. 딥러닝의 핵심 이론인 CNN^{Convolutional neural network}, 즉 이미지의 특징을 자동으로 추출하고 분류하는 데 효과적인 딥러닝 모델이 1980년대에 등장했지만 2010년대에 와서야 빛을 보게 된 이유도 바로 이런 문제 때문이었다.

우리는 더 이상
그래픽 카드 회사가 아닙니다

그러던 중 딥러닝 연구자들 사이에서 엔비디아의 GPU를 AI 학습에 사용하는 흐름이 나타나게 된다. 컴퓨터의 CPU를 학습에 사용해오던 딥러닝 연구자들이 2009년부터 엔비디아의 GPU를 학습에 사용하기 시작한 것이다. 그들이 GPU로 넘어간 이유는 간단했다. GPU를 통한 학습이 CPU를 사용한 학습보다 시간과 비용 측면에서 훨씬 더 뛰어났기 때문이다. 엔비디아는 게임을 넘어선 일반 용도의 GPU를 밀고 있었고, 이를 위한 프로그래밍 언어 CUDA도 2006년 공개했기 때문에 딥러닝 연구자들에게는 안성맞춤이었다.

GPU를 사용해 학습한 인공신경망의 성능과 잠재력이 전 세계에 알려지게 된 계기는 2012년 인공지능 이미지 인식 능력 대회인 '이미지넷ImageNet'에서 제프리 힌튼Geoffrey Hinton 토론토 대학 교수 팀이 우승을 거두면서부터였다. 이들은 엔비디아의 지포스 그래픽 카드 두 개를 구매해 자신의 집에 있는 컴퓨터로 CNN

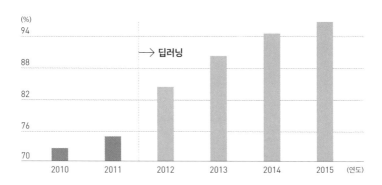

그림 2-8 | 이미지넷 역대 우승팀의 정확도

2021년, 제프리 힌튼 교수팀은 기존의 방식에서 벗어나 딥러닝 기술을 활용해 전년 우승 기록보다 10% 이상 뛰어난 결과를 만들어냈다.

출처: ILSVRC

아키텍처인 알렉스넷AlexNet을 학습시켰고 그 결과 정답률 84.7%라는 압도적인 성능을 증명해 보였다. 이 알렉스넷을 학습시킬 때 사용했던 소프트웨어가 바로 CUDA였다. 이전 10년까지 인공지능의 이미지 정답률이 75%를 채 넘지 못하고 있었다는 걸 생각해보면 이는 엄청난 발전이 아닐 수 없었다. 몇 년 후 딥러닝을 기반한 이미지 인식률은 96%에 달해 인간의 능력을 뛰어넘게 된다.

젠슨 황은 이미 딥러닝 연구자들이 엔비디아의 GPU를 딥러닝 개발에 사용한다는 사실을 잘 알고 있었다. 게임 분야를 넘어서 GPU를 써줄 분야를 계속 모색하고 있었기 때문이다. 그러다 2012년 알렉스넷이 우승하는 모습을 지켜보며 그는 딥러닝이야

말로 넥스트 빅 씽Next Big Thing(차세대 거대 시장)임을 깨닫는다. 그렇게 젠슨 황은 엔비디아를 그래픽 카드를 만드는 회사에서 AI 회사로 변신시키겠다고 다짐하며 2012년을 'AI 회사로 변신한 해'로 규정했다.

이때를 기점으로 엔비디아는 GPU를 딥러닝 개발에 사용하는 연구자와 기업을 돕는 일에 전력을 다하게 된다. '그래픽 카드 회사'도, '반도체 회사'도 아닌 'AI 회사 엔비디아'가 시작되는 순간이었다.

AI 열풍과 급격한 성장

알렉스넷이 세상을 깜짝 놀라게 했을 때 그 가능성을 알아보고 움직인 회사는 엔비디아뿐만이 아니었다. 검색엔진을 통해 세계 최고의 컴퓨터 기업으로 등극했던 구글은 예전부터 AI에 진심이었다. 알렉스넷이 우승하자 구글은 제프리 힌튼 교수가 만든 스타트업을 거액의 돈을 들여 인수하는 형태로 흡수했고, 영국의 딥러닝 연구자들이 만든 회사 '딥마인드DeepMind'도 인수하기에 이른다. 딥마인드가 딥러닝 기술을 적용해 만든 바둑 두는 AI가 우리에게도 잘 알려진 '알파고'다. 구글은 2016년 알파고와 이세돌의 대국을 통해 자신들이 가지고 있는 AI 기술을 전 세계에 알렸다.

그림 2-9 | 알파고를 만든 데미스 하사비스 딥마인드 CEO

출처: 구글

소셜미디어 시장을 장악한 메타도 딥러닝의 가치를 알아보고 힌튼 교수와 함께 대표적인 딥러닝 연구자인 얀 르쿤^{Yann LeCun} 뉴욕 대학 교수를 2015년 수석 AI 과학자로 채용한다. 중국도 움직임이 빨랐다. 중국판 구글인 바이두는 앤드류 응^{Andrew Ng} 스탠퍼드대학 교수를 채용해 인공지능 연구를 시작했다.

반면 이렇게 빅테크 기업들이 AI 인재들을 채가는 과정에서 손가락만 빨고 있던 사람도 있었다. 바로 테슬라 CEO 일론 머스크였다. 구글의 창업자 겸 CEO 래리 페이지와 가까웠던 머스크는 딥마인드를 인수하고 싶었지만 절친에게 선수를 빼앗기고 만다. 이후 일론 머스크가 당시 와이콤비네이터^{Y Combinator} 사장이었던 샘 올트먼^{Sam Altman}과 만든 AI 연구기관이 챗GPT를 탄생시 킨 지금의 '오픈AI'다.

2016년 벌어진 알파고와 이세돌의 대결은 일반 대중들에게 딥러닝의 강력함을 알리게 된 중요하고도 센세이셔널한 사건이 었다. 알파고를 계기로 구글이 진행 중이던 AI 프로젝트들이 모든 기업과 대중들에게 알려지고 수많은 AI 스타트업들이 설립 되기 시작했다. 그리고 이런 AI에 대한 수요는 엔비디아의 매출 상승으로 이어졌다. 게임용 GPU 매출이 대부분이었던 엔비디

그림 2-10 | 엔비디아의 수익 분석

(단위: %)

제품 라인	2019년	2020년	2021년	2022년	2023년	2024년
분석 및 AI용 데이터센 터 프로세서 Data Center Processors for Analytics and AI	25.0	27.3	40.2	39.4	55.6	78.0
컴퓨터용 GPU GPUs for Computers	53.3	50.5	46.6	46.3	33.6	17.1
3D 시각화용 GPU GPUs for 3D Visualization	9.6	11.1	6.3	7.8	5.7	2.6
오토모티브용 GPU GPUs for Automotive	5.5	6.4	3.2	2.1	3.3	1.8
암호화폐 채굴용 GPUs for Cryptocurrency Mining	6.5	4.6	3.8	2.0	0.0	0.0
기타	0.0	0.0	0.0	2.3	1.7	0.5

출처: https://www.visualcapitalist.com/nvidia-revenue-by-product-line

아의 실적에서 데이터센터 비중이 점점 올라가기 시작한 것도 바로 이때부터다. 구글이 알파고를 학습시킬 때 데이터센터의 슈퍼컴퓨터를 이용했던 것처럼 AI 학습은 점차 데이터센터의 용량에 기대 발전했다.

엔비디아는 2016년 최초로 AI 학습에 특화된 컴퓨터인 DGX-1을 공개한다. AI 학습을 위해 만들어진 이 제품은 엔비디아의 GPU와 x86 CPU를 결합해 서버 컴퓨터로 만든 것이었다. DGX-1에는 엔비디아의 파스칼 아키텍처(코드명 P100)가 들어갔고 처음으로 HBM이 메모리로 탑재되었다. 당시에는 삼성전자의 HBM2가 납품되었다.

DGX-1가 공개되면서 엔비디아의 데이터센터 매출은 빠르게 늘어났다. 엔비디아의 GPU와 DGX가 데이터센터에 납품되어 AI 학습에 사용되는 구조가 만들어졌기 때문이다.

FY2015(2014년 2월~2015년 1월) 기준 3억 1,700만 달러였던 엔비디아의 데이터센터 매출은 FY2019(2018년 2월~ 2019년 1월)에는 29억 3,200만 달러로 연 74.3%씩 상승했다. 하지만 이들의 성장은 이제 시작일 뿐이었다.

모든 AI 혁명 뒤에는 엔비디아가 있었다

2017년, 구글에서 일하던 여덟 명의 연구자가 논문 하나를 발표한다. 논문의 제목은 '필요한 것은 어텐션뿐이다Attention is All You Need'였다. 이 논문의 내용은 인공지능 연구에서 자연어 처리Natural Language Processing, 즉 AI가 사람의 언어를 이해하도록 학습시키는 방법에 대한 것이었다. AI가 사람의 언어를 이해하면 번역을 잘 이해할 수 있고, 사람과 자연어로 대화도 할 수 있게 된다.

이 논문이 등장하기 전 딥러닝을 활용한 자연어 처리 분야에서는 주로 순환신경망Recurrent Neural Networks, RNN이라고 하는 모델이 쓰였다. 하지만 이 논문에서는 '트랜스포머Transformer'라는 이름의 새로운 모델을 제시했고 이를 기반으로 영어-독일어 번역의 정확성을 보여줬다. 이 논문의 제목에도 있는 '어텐션Attention'은 2014년에 나온 요슈아 벤지오Yoshua Bengio 몬트리올 대학 교수와 조경현 뉴욕 대학 교수의 논문에서 처음 제시된 메커니즘이다. 트랜스포머 모델은 이 어텐션을 모델에 도입해서 번역 성능을 매우 높였다. 무엇보다 기존의 주류였던 RNN보다 처리해야 할 데이터 양을 훨씬 줄여서 더 실용적이었다.

트랜스포머 모델은 2012년 등장한 알렉스넷에 비견할 수 있을 정도로 엄청난 파급효과를 가져왔다. 기존 모델들보다 훨씬 뛰어난 성능을 보여줬을 뿐 아니라 언어 처리 외의 다른 영역에서도 그 성능을 입증했기 때문이다. 2018년 6월, 오픈AI

그림 2-11 | 2024년 GTC에 모인 트랜스포머 논문 저자들

출처: 엔비디아

의 연구자들은 트랜스포머를 기반으로 하는 언어모델을 내놓는다. 이름하여 Generative Pretrained Transformer, 그 유명한 GPT다. 그리고 같은 해 구글도 트랜스포머 모델을 이용한 BERT Bidirectional Encoder Representations from Transformers라는 언어모델을 내놓는다.

GPT와 BERT는 각각 1억 1,000만 개와 3억 4,000만 개의 매개변수로 만들어졌다. 최초의 트랜스포머 모델이 5,000만 개의 매개변수로 만들어졌으니 크기를 몇 배로 키운 것이었다. 그리고 이 과정에서 AI 연구자들은 트랜스포머 구조에서 매개변수의 크기를 키울수록 언어모델의 성능이 향상된다는 사실을 발견했다. 2019년 공개된 오픈AI의 GPT-2는 1년 전 공개된 GPT에 비해 놀라운 성능의 향상을 보여줬는데, 매개변수가 무려 15억 개에 달했다.

사실 이렇게 매개변수를 키우는 것은 엄청난 돈을 필요로 한다. 매개변수가 커질수록 학습에 필요한 컴퓨팅 파워가 더 늘어나기 때문이다. 오픈AI는 마이크로소프트로부터 10억 달러의 투자를 받았기 때문에(정확히는 마이크로소프트의 애저 클라우드에 있는 GPU를 10억 달러어치 사용할 수 있는 크레딧을 얻은 것) 이러한 도전을 할 수 있었다.

1년이 지나 2020년에 등장한 GPT-3는 매개변수의 수가 무려 1,750억 개에 달했다. 이전 모델에 비해 100배나 커진 모델로, 이때부터 사람들은 이것을 거대언어모델LLM이라고 부르기 시작했다. 1,700억 개나 되는 매개변수를 가진 GPT-3는 이전까지의 모든 언어모델을 뛰어넘는 놀라운 성능을 보여줬다. 언어모델을 단순하게 설명하면 어떤 단어 뒤에 나올 다음 단어를 예측하는 AI라고 할 수 있는데 GPT-3가 예측해내는 언어가 인간과 비슷한 수준으로 올라갔다. GPT-3 나오면서 인간 수준의 언어 능력을 갖춘 AI가 등장할 것이라는 기대감이 연구자들 사이에서 높아지기 시작했다. 그 결과 관련 연구를 주도하던 오픈 AI뿐만 아니라 구글 람다LaMDA와 마이크로소프트 메가트론-튜링 NLGMegatron-Turing NLG같이 언어모델을 연구하던 다른 기업들도 매개변수가 매우 큰 거대언어모델을 내놓게 된다.

'생성형 AI 시장'의 탄생과 챗GPT의 등장

그러나 연구자들이 AI 성능의 급격한 발전에 높은 기대감을 품은 것과 달리 세상은 여전히 조용하기만 했다. 거대언어모델 개발 경쟁이 어디까지나 해당 분야에서 일하는 연구자와 기업들 사이에서만 이루어졌기 때문이었다. 2016년 알파고로 인해 AI에 쏟아졌던 관심은 급격히 식어가고 있었고, 일반 대중에게 AI는 여전히 먼 미래의 일이자 개인의 삶에는 아무 영향을 주지 못하는 기술로 인식되었다. 사실 딥러닝에 기반한 AI 기술은 스마트폰 카메라부터 이미지 판독, 검색, 추천까지 이미 다양한 영역으로 들어와 있었지만 사람들이 깜짝 놀랄 만한 성능의 AI는 등장하지 않고 있었다.

오히려 2021년은 암호화폐(크립토)와 메타버스가 사람들의 관심을 독차지하고 있던 때였다. 코로나로 전 세계에 풀린 돈이 코인과 메타버스 기업들의 주가를 천정부지로 올렸고, AI 기술과 상관없이 애플, 구글, 메타, 아마존, 테슬라의 주가는 연일 상승세를 타고 있었다. 그러던 2022년, 인플레이션이 하늘을 찌르고 미국연방준비제도^{Fed}에서 기준금리 인상을 시사하면서 본격적으로 주식시장의 조정이 시작되었다. 천정부지로 오르던 테크 주식들이 바닥을 모르고 추락했고 암호화폐 버블이 터지는 현상도 곳곳에서 일어났다.

그렇게 테크 업계 전체가 최악의 시기를 보내고 있는 가운데 조금씩 '생성형 AI'라는 낯선 단어가 사람들의 입에 오르기 시작했다. 생성형 AI는 말 그대로 무언가를 만들어내는 인공지능을 뜻한다. 과거 AI가 알렉스넷처럼 '인식'을 하고 '패턴'을 파악하는 것이 중심이었다면 좀 더 발달된 AI는 '스스로 뭔가를 만들어내는' 것이 가능하다. 2021년에 오픈AI가 내놓은 'DALL-E'는 GPT를 기반으로 이미지를 생성하게 하는 AI 모델이었다. 이미 GPT가 언어를 잘 이해하고 있으므로 이 언어를 기반으로 이미지를 학습시키는 방식이었다.

처음 DALL-E가 출시될 때만 해도 이미지 수준이 별로 높지 않았지만 오픈AI는 1년 뒤인 2022년 4월, DALL-E 2를 내놓으며 DALL-E와는 차원이 다른 이미지 퀄리티를 보여줬다. 전문적인 일러스트레이터를 대체할 만한 수준의 이미지를 생성하기 시작한 것이다. 이것이 가능했던 것은 DALL-E 2가 디퓨전Diffusion이라는 AI 모델을 사용했기 때문이다. 어떤 이미지가 있을 때 이를 점점 흐리게 만드는 과정을 학습시키고 나면 이를 반대로 진행해 아무것도 없는 종이에 이미지를 만들어내는 것도 가능해진다.

이때부터 본격적으로 생성형 AI라는 단어가 일반 대중들에게도 퍼져 나가게 된다. 기존의 AI와는 다른 '쓸모 있는 콘텐츠'를 만들어내는 AI가 등장했음을 사람들이 깨닫게 된 것이다. 특히 이미지 생성을 하는 AI들이 인터넷상에서 재미있는 바이럴을 만들어냈다. 대표적인 것이 네이버 자회사 스노우가 만든 'AI 졸업앨범'이나 'AI 프로필 사진'이었다. 사용자가 자기 사진을 10장 정도 업로드하면 이를 기반으로 가상의 졸업앨범이나 가상의 프로필 사진이 만들어졌다.

DALL-E 2 외에도 DALL-E 2의 방법론을 가져온 미드저니Midjourney(2022년 7월 공개)와 스테이블 디퓨전Stable Diffusion(2022년 8월 공개)이 등장하면서 생성형 AI는 점점 더 많은 사람들의 주목을 받게 됐다. 미드저니는 디스코드Discord라는 메신저 서비스를 기반으로 쉽게 사용할 수 있었고 스테이블 디퓨전은 DALL-E 2와 달리 오픈소스로 공개되어서 누구나 이를 가져와서 서비스로 만드는 것이 가능했다.

그림 2-12 | 생성형 AI 스테이블 디퓨전으로 만들어진 이미지

출처: 스태빌리티AI

이런 와중에 2022년 11월 30일, 오픈AI의 챗GPT가 공개됐다. 챗GPT는 GPT를 챗봇 서비스처럼 실제 사람과 대화를 하는 느낌으로 만든 것이다. 기존의 언어모델과 챗GPT의 다른 점이라면 바로 인간 피드백 강화학습Reinforecd Learning from Human Feedback을 사용했다는 점이다. 다시 말해 사람의 피드백을 바탕으로 언어모델을 강화학습시켰다는 얘기다. 그래서 이렇게 학습된 언어모델은 좀 더 '사람 같은' 응답을 한다. 기존의 GPT를 인간 피드백을 통해 학습시킨 인스트럭트GPT를 챗봇 같은 인터페이스에 집어넣어 만든 것이 바로 챗GPT다.

2022년 11월, 전 세계인에게 베타테스트로 제공된 챗GPT는 트랜스포머를 기반으로 만들어진 거대언어모델이 얼마나 뛰어

난 성능을 가지고 있는지 확실하게 입증시켜줬다. 챗GPT는 기존의 AI가 할 수 없던 여러 가지 일을 할 수 있다. 단순히 대화하는 것을 넘어 과학이나 역사 등에 대한 일반적인 지식을 갖고 있으며 여러 가지 언어를 번역할 수 있어 한글로 쓴 글을 필요에 맞게 영어로 번역도 해준다. 또한 기본적인 코딩도 가능하고 긴 글을 요약해주는 능력도 갖고 있다.

2024년에 들어서는 여기에 더해 다양한 기능들이 추가됐다. DALL-E 2가 합쳐져서 텍스트를 입력하면 그 설명에 맞게 그림을 그려주는 기능이 대표적이다. 이외에도 이미지를 입력하면 이를 텍스트로 해석해주는 기능, 텍스트를 음성으로 바꾸거나 음성을 텍스트로 바꿔서 대화하는 기능도 생겨났다. 이처럼 텍스트를 넘어 이미지, 음성까지 이해하는 능력을 '멀티 모달리티 Multi Modalities'라고 하는데 지금도 챗GPT에는 시간이 지날수록 점점 더 새로운 능력들이 더해지고 있다.

빅테크들과 스타트업의 추격

챗GPT는 생성형 AI가 본격적으로 전 세계를 휩쓰는 계기로 작동했고, 기존의 언어모델을 연구하던 기업들을 깜짝 놀라게 만들었으며, 새로운 스타트업들이 이 시장에 뛰어들도록 문을 열어주었다. 생성형 AI가 산업뿐만 아니라 사회적, 정치적으로도 그 영향력이 엄청날 수 있다고 모든 이들이 생각하게 된 것이다. 산업적인 측면에서 보자면 생성형 AI의 사용이 폭발적으로 늘어났다는 게 가장 중요하다고 할 수 있다.

챗GPT가 순식간에 사용자 1억 명을 모으자 그동안 AI 개발 경쟁을 이끌었다고 생각한 구글로서는 발등에 불이 떨어졌다. 특히 라이벌인 마이크로소프트가 그 뒤에 있다는 점에서 구글 역사상 최대의 위기였다. 구글은 이미 만들었던 람다, 팜PaLM 등을 빠르게 업데이트하면서 바드라는 챗GPT 대항마를 공개하기에 이른다. 또한 1년이 지난 2023년 12월에는 '제미나이'라는 이름의 고성능 AI를 공개하기도 했다. 현재 구글은 모든 AI 서비스 이름을 제미나이로 통일하면서 회사의 역량을 이곳에 집중시키고 있다. 이에 질세라 일론 머스크도 AI 스타트업을 만들었다. 2023년 그가 창업한 xAI는 그록Grok이라는 AI를 오픈소스로 공개하고 있다.

오픈AI에 도전하는 스타트업들도 많이 등장했다. 현재 가장 앞서 있는 곳은 오픈AI 출신인 다리오 아모데이Dario Amodei와 다니엘라 아모데이Daniela Amodei 남매가 2021년에 창업한 앤스로픽이다. 오픈AI 출신이 설립한 만큼 오픈AI와 가장 근접한 언어모델을 만들고 있다고 평가받는다. 오픈AI를 추격하고자 하는 구글, 아마존 등 빅테크 기업들의 투자가 대거 이어지면서 2024년 4월 기준 이들이 투자받은 금액만 해도 80억 달러에 달한다. 앤스로픽도 2024년 3월 챗GPT 대항마인 '클로드3Claude 3'를 출시했다. 오픈AI처럼 멀티 모달리티 능력이 뛰어나지는 않지만 언어 능력에서는 많은 부분에서 GPT-4에 필적하는 능력을 보여주고 있다.

2024년 2월, 오픈AI는 소라[Sora]를 공개하면서 세상을 다시 한 번 깜짝 놀라게 했다. 텍스트를 입력하면 1분 길이의 동영상을 생성하는데 그 퀄리티가 매우 높았기 때문이다. 비디오 생성 영역은 2024년 본격적인 성과가 나오고 2025년이면 상용화가 이뤄질 것으로 보인다. 게임이나 웹툰 등 크리에이티브한 영역에서도 생성형 AI는 그 가능성을 엿보고 있다. AI로 3D 디자인을 하거나 게임 속 대사를 생성하는 것이 대표적인 예다.

이처럼 트랜스포머 모델의 등장과 챗GPT의 부상은 생성형

그림 2-13 | 오픈AI의 소라가 만든 짧은 동영상의 한 장면

출처: 오픈AI

AI 시장이라는 기존에 없던 새로운 거대한 시장을 만들어냈다. 그래서 혹자는 챗GPT를 2008년 스마트폰 혁명을 가져온 아이폰과 비교하기도 한다.

지금까지 이 신기술의 빠른 변화를 길게 설명한 이유는 이 모든 발전의 기저에 바로 엔비디아의 GPU가 쓰이고 있기 때문이다. 엄청난 능력을 발휘하고 있는 AI를 학습시키고 이를 바탕으로 서비스를 하려 할 때 가장 필요한 것이 바로 GPU다. 사람 같은 혹은 사람을 능가하는 능력을 가진 AI를 개발하기 위해 빅테크 기업부터 스타트업까지 수많은 기업들이 뛰어든 가운데, 이 전쟁에서 가장 큰돈을 벌고 있는 기업이 바로 GPU라는 무기를 파는 엔비디아인 것이다. 생성형 AI라는 거대한 물결 속에서 우리가 또 하나 주목해야 할 점은 그 물결을 일으키는 동력인 엔비디아의 GPU를 대신할 제품이 없다는 사실이다. 적어도 지금까지는 말이다.

NVIDIA
WAY

무엇이 그들을
'대체 불가' 기업으로
만들었을까

"스탠퍼드에서 학생들이 저에게 이렇게 말했던 것을 기억합니다.
'교수님, CUDA라는 것이 있는데, 프로그래밍하기 쉽진 않지만
사람들이 GPU를 다른 용도로 사용할 수 있게 해줘요.
GPU를 사용하는 서버를 구축하고
딥러닝을 확장할 수 있는지 확인해볼 수 있을까요?'
당시 제 학생의 기숙사 방에 GPU 서버를 구축할 수 있게 도와줬고,
그 서버로 우리는 신경망 훈련을 위한
첫 번째 딥러닝 실험을 시작했습니다."

앤드류 응

AI 분야 권위자, 딥러닝AI^{DeepLearning.AI} 창립자, 스탠퍼드대 겸임교수

단 네 개의 사업으로 실리콘밸리를 지배하는 회사

엔비디아는 오직 네 종류의 고객만을 가지고 있다. 바로 데이터센터, 게임, 자율주행, 그래픽 전문가다. 그래서 이들은 실적을 발표할 때도 이 네 부문으로 나누어 발표하곤 한다.

가장 첫 번째로 꼽을 수 있는 사업군은 지금의 급격한 성장을 이끈 AI 반도체 즉, GPU를 판매하는 데이터센터 사업 부문이다. 데이터센터와 슈퍼컴퓨터는 엔비디아의 주력 사업이 아니었지만 2017년을 기점으로 폭발적으로 성장하여 현재 전체 매출의 78%를 차지하는 엄청난 규모가 되었다. 두 번째는 1993년 엔비디아 설립 때부터 2020년까지 약 27년간 엔비디아라는 회

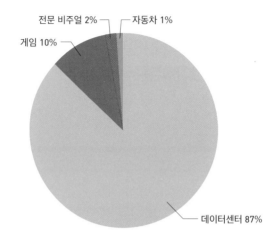

그림 3-1 | 엔비디아 주요 사업군 매출(2024년 1분기)

전문 비주얼 2%
자동차 1%
게임 10%
데이터센터 87%

사를 이끌어온 게임 사업군이다. 세 번째 사업은 전문가 비주얼 사업 부문Professional Visualization 으로, 엔비디아의 반도체와 서비스가 영화나 드라마 산업에서 많이 사용되고 있다. 메타버스와 디지털 트윈 분야도 이 사업 부문에 들어간다. 마지막으로 네 번째 사업은 오토모티브 사업 부문으로, 자동차 회사들에게 반도체와 솔루션을 제공한다.

게임 사업 부문과 암호화폐 사업 부문

엔비디아에서 게임 사업은 지금은 상대적으로 작아 보이지만 과거에는 엔비디아를 이끌어 왔던 부분이라 현재를 이해하기 위해 기본적인 내용은 알 필요가 있다. 게임용 그래픽카드 시장에서 엔비디아는 80% 이상의 높은 점유율을 차지하고 있는데, 이 사업군을 대표하는 제품이 '지포스'다. 1999년 세상에 나온 지포스 그래픽 카드는 한때는 엔비디아라는 회사 이름보다 더 유명하기도 했다.

기본적으로 지포스는 별도로 구매해서 PC에 장착해야 하는 구조다. 고성능의 게임을 즐기고 싶은 게이머들이 가지고 있는 조립형 PC(데스크탑)에 추가로 구매해서 설치해야 한다는 뜻이다. 이 말인즉슨, 최종 소비자인 게이머들의 선택을 받아야 한다는 것인데 이게 쉬운 일이 아니다. 게이머들은 제품 사양에 민감하고, 각종 제품의 성능을 비교 분석할 정도도 전문성을 지니고 있기 때문이다.

엔비디아는 2000년대 후반부터 지포스로 높은 시장점유율을 유지하며 많은 게이머들에게 인정받았고 부두, AMD 같은 경쟁사를 꺾고 1위 자리를 지켜왔다. 그러나 PC용 게임 시장의 성장세는 현재는 정체된 상태로, 엔비디아의 게임 사업 부문 매출도 줄어들고 있다(FY2023년 1분기 36억 2,000만 달러, 1년 후인 FY2024년 1분기 22억 4,000만 달러). 코로나 사태로 크게 늘어났던 게임 시간이 정상으로 돌아온 영향도 크지만, 게임 시장이 근본적인 변화를 맞이했기 때문이다.

그동안 게임 시장은 고사양의 게임이 등장하면서 그에 맞춰 고성능의 그래픽 카드의 수요가 늘어나는 시장이었다. 그러나 이런 고사양의 게임 제작에 너무 많은 비용이 들면서 게임사들은 이런 류의 게임 출시를 줄이게 되었다. 또한 고성능의 PC 게임보다는 모바일 게임이나 마인크래프트Minecraft, 로블록스Roblox와 같은 메타버스 형태의 게임을 즐기는 사람들이 늘어났다. 그리고 신작 게임을 하기보다 월드 오브 워 크래프트, 카운터 스트라이크, 발로란트, PUBG, GTA 같이 이미 출시된 지 오래된 게임을 반복적으로 즐기는 사람도 많아지고 아예 게임을 즐기지 않고 다른 사람이 게임하는 것을 시청하는 사람들도 늘어났다. 이런 변화들로 게임 시장의 역동성이 줄어들면서 엔비디아는 자연스레 다른 신규 사업을 고민할 수 밖에 없는 상황에 처한 것이다.

현재는 아니지만 엔비디아의 사업에 암호화폐가 영향을 주던 시기도 있었다. 블록체인, 이더리움 등 암호화폐 가격이 끝을 알 수 없을 만큼 오르던 2021년, 지포스 가격도 천정부지로 올랐는데 암호화폐를 채굴하는데 지포스가 사용됐기 때문이다.

채굴이란, 고성능 컴퓨터를 이용해서 암호화폐를 생산하는 일을 말한다. 정확하게는 암호화폐 네트워크를 위해 채굴자의 컴퓨터로 컴퓨팅 파워를 제공해주고 그 보상으로 코인을 받는 것이다.

우리에게 가장 잘 알려진 암호화폐인 비트코인은 작업증명 Proof of Work, PoW 방식을 통해 운영되고, 이더리움도 2022년에 지분증명Proof of Stake, PoS 방식으로 시스템을 바꾸기 전까지는 작업증명 방식으로 운영되었기 때문에 채굴자들이 많았다.

이런 채굴은 컴퓨터의 성능이 중요한데 CPU보다 GPU가 채굴에 더 유리하다는 사실이 밝혀지자, 채굴자들은 지포스를 사서 집에 채굴용 컴퓨터 시스템을 구축하기 시작했다. 전문성이 없는 개인도 할 수 있는 일이었기에 암호화폐 가격이 한창 급등했을 때는 지포스 가격도 덩달아 급등했다.

엔비디아는 한 번도 암호화폐 채굴용으로 GPU를 만들지도, 판매하지도 않았다. 엔비디아가 보기에 블록체인 시장은 자신들의 제품이 필요한 고객이 있는 곳은 아니라고 판단한 것으로 보인다.

하지만 채굴 붐이 부는 동안, 엔비디아의 실적과 주가가 크게 좋아진 것은 사실이다. 2022년, 암호화폐 붐이 사그라들면서 엔비디아 주가는 크게 하락하기도 했다. 현재는 암호화폐 ETF 승인 등으로 가격이 다시금 올랐다가 조정을 받고 있는데, 채굴이 아니라 다른 의미에서 상관관계를 보이고 있다. AI가 급부상되면서 엔비디아 주가가 크게 올랐고, 암호화폐도 같은 방향으로 상승했기 때문이다.

지금 그들은 어디에서 미래를 보고 있는가?

엔비디아는 그래픽 카드를 만드는 회사로 시작했지만 한 가지 사업에 집중하지 않고 여러 분야로 사업을 다각화시키며 시가총액 1위 기업의 자리에 오르는 기염을 토했다. 이들의 성장 과정을 지켜보고 있자면 현재의 관점에서는 크게 돈이 되지 않는 산업에도 서비스를 제공하고 있는 게 특이하다. 그래서 혹자는 엔비디아가 운이 좋다는 말을 하기도 한다.

그러나 그건 엔비디아의 기술력과 CEO 젠슨 황의 전략을 제대로 파악하지 못하고서 하는 말이다. 젠슨 황에 따르면 지금과 같은 엔비디아의 급격한 성장은 운이 좋았던 게 아니라 사업성 있는 다양한 산업에 미리 발을 담그고선 사과가 떨어지길 기다렸기 때문이다. 또한 마냥 기다리기만 했던 게 아니라 기본 기술을 연구하고, 잠재 고객이 될 기업들에게 이를 서비스로 제공했기에 사과가 떨어졌을 때 그 기회를 잡을 수 있었다.

그런 이유로 엔비디아는 직접 LLM이나 버추얼 휴먼, 로봇을 공개하는 일이 많다. 이는 자신들이 가지고 있는 기술력을 직접적으로 보여주기 위한, 즉 자신들의 기술과 반도체를 이용하면 쉽게 새로운 시장에 진출할 수 있다는 것을 보여주기 위한 목적이다. 이러한 방식은 엔비디아의 사업 활동 및 R&D 방식과도 관련되어 있다. 엔비디아에서 일하는 한 한국인 엔지니어는 이렇게 말했다.

"엔비디아는 소비자가 있으면 해당 산업을 처음부터 끝까지 직접 연구 개발해봅니다. 그런 과정을 통해 고객이 필요로 하는 부분만 상품화해서 제공합니다. 소프트웨어의 경우 개발 과정에서 나온 라이브러리(프로그래밍에서 반복적으로 사용되는 부분)는 공짜로 고객에게 제공하고, 가치가 있는 것은 돈을 받고 판매하는 것이죠."

지금의 이 사업 모델들이 앞으로도 계속 엔비디아를 이끌어 가게 될까? 경쟁사들이 발 빠르게 추격하고 있음에도 엔비디아의 시장점유율을 뺏어오지 못하는 이유는 무엇일까? 이번 파트에서는 현재 엔비디아를 지탱하는, 혹은 엔비디아가 '발을 담그고 사과가 떨어지길 기다리는' 주요 사업으로는 무엇이 있으며 이 비즈니스에서 엔비디아만이 가진 차별점과 우위는 무엇인지 하나씩 살펴보도록 하겠다.

새로운 산업혁명의 핵심 엔진, 데이터센터

지금과 같은 엔비디아의 급성장을 견인한 사업은 뭐니 뭐니 해도 데이터센터 사업이다. 딥러닝 기술이 새롭게 떠오르면서 관련 연구자들이 엔비디아의 GPU를 인공지능 학습에 사용하기 시작하자, 엔비디아는 이 엄청난 기회를 놓치지 않았다.

앞서 2023년 GPU 부족 사태에 대해 설명했었다. 막대한 현금을 보유한 빅테크 기업들이 GPU 구입에 나서자 엔비디아의 실적과 주가가 급등하기 시작했다. 특히 2023년 엔비디아는 기업 역사상 유례가 없을 정도로 빠른 성장을 이뤘다. FY2023년 (2022년 2월~2023년 1월) 매출 269억 달러 중 데이터센터 부

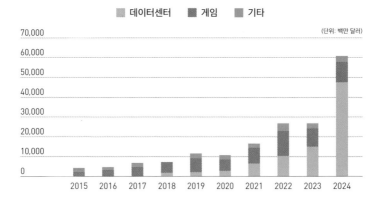

그림 3-2 | 엔비디아의 연간 매출 변화

■ 데이터센터　■ 게임　■ 기타

(단위: 백만 달러)

문 매출이 150억 달러였다. 그러던 것이 FY2024년(2023년 2월 ~2024년 1월)에는 매출이 609억 달러로, 이 중 데이터센터 부문 매출이 475억 달러를 차지했다. 회사 매출은 두 배, 데이터센터 매출은 세 배가 늘어난 것이다.

FY2024 1분기 실적을 발표한 2023년 5월만 해도 챗GPT 효과가 반영되기 전이었다. 하지만 8월 2분기 실적은 데이터센터 부문 매출이 103억 달러를 기록해 전년동기 대비 171% 늘어났다. 그다음 11월에 발표한 3분기 실적은 전년동기 대비 278% 증가한 145억 달러였다. 여기서 끝이 아니다. 2024년 2월에 발표한 4분기 실적은 전년동기 대비 408% 증가한 184억 달러를 기록했다. 전년동기뿐만 아니라 직전분기 대비해서도 매출 증가속도가 계속 빨라진 것이다.

2024년 5월에 발표한 FY2025 1분기 실적도 세상을 놀라게 했다. 5월 22일 분기매출 260억 달러, 분기 영업이익 169억 달러를 기록했다. 이를 원화로 환산하면 매출 약 36조 원, 영업이익 23조 원에 달하는 어마어마한 수치다.

더 놀라운 부분은 수익성이다. 영업이익률이 65%에 달했으며, 매출총이익률gross margin ratio은 78.4%로 다른 테크 기업들을 압도했다. 전년동기 대비 매출은 262%, 영업이익은 690%가 늘어났다. 1년 사이에 회사의 매출이 3.6배, 영업이익이 7배 늘어난 것이다. 매출의 무려 65%가 회사의 수익으로 남는다는 얘기인데, 이는 제조 기업으로서는 상상도 할 수 없는 높은 영업이익률이다. 이처럼 엔비디아는 매 분기 실적 발표 때마다 시장의 예상치를 크게 상회한 어닝 서프라이즈를 발표했고 그때마다 주가도 급등했다.

2020년까지만 해도 미국 기업 시가총액 20위에 들지 못했던 엔비디아는 2024년 6월 마이크로소프트를 제치고 일시적으로나마 미국 기업 시가총액 1위에 등극하기도 했다. 실리콘밸리에서 엔비디아라는 회사의 위상도 완전히 달라졌다. 데이터센터에 뛰어들기 전 엔비디아는 B2C 중심의 게임 회사로 인식됐다. 하지만 현재는 대표적인 AI 기업이며, 미래의 컴퓨팅을 이끄는 기업으로 받아들여지고 있다.

데이터센터 규모의 증가가
엔비디아에 미치는 영향

그렇다면 엔비디아가 진입하기 전 데이터센터 산업은 어떤 모습이었을까? 데이터센터에 들어가는 서버컴퓨터는 근본적으로는 개인용 PC와 다르지 않다. 컴퓨터마다 달려 있는 디스플레이와 키보드가 없을 뿐, 구성요소는 비슷하다. 마더보드라는 부품을 연결하는 보드가 있고 CPU, RAM, 스토리지(하드디스크나 SSD), 냉각팬, 전원공급 장치 등으로 구성되어 있다.

　PC를 제조하는 회사들이 서버컴퓨터도 만든다. 대표적으로 우리가 잘 아는 델Dell 컴퓨터, 휴렛팩커드엔터프라이즈HPE, IBM, 슈퍼마이크로 컴퓨터Super Micro Computer 같은 곳이 있다. 중국 기업들도 많은데 인스퍼Inspur, 浪潮, 수곤Sugon 같은 기업이 서버컴퓨터 전문 기업이고 레노버Lenovo나 화웨이Huawei 같은 우리에게 잘 알려진 중국 테크 기업들도 서버컴퓨터를 만든다. 일본 기업 중에서는 유일하게 후지쯔Fujitsu Ltd가 서버컴퓨터 시장에서 점유율이 높다. 과거에는 이러한 서버컴퓨터를 자체 서버를 운영하는 기업들이 대규모로 구매하는 것이 일반적이었다. 이를 '온프레미스on-premises'라고 부른다.

　하지만 클라우드의 시대로 넘어오면서 서버컴퓨터의 최대 구매자는 아마존, 마이크로소프트, 구글 같은 클라우드 회사들이 되었다. 이들은 대규모 데이터센터를 구축한 뒤 서버를 외부 기업에 빌려준다. 클라우드 산업이 성장하면서 이 회사들의 매출은 빠르게 늘어났고, 데이터센터도 계속 건설되고 있다.

바로 이러한 클라우드 기업들이 PC 제조사에 구체적인 스펙을 요청하면 PC 제조사는 부품 공급사들로부터 부품을 받아 조립해 클라우드 기업들에 넘겨준다. 엔비디아도 과거에는 내부에 들어가는 부품인 GPU를 만들어 공급하는 회사였다.

그런데 엔비디아의 GPU가 들어간 AI 서버컴퓨터와 기존의 데이터센터에 들어가는 서버컴퓨터에는 큰 차이가 있다. 기존 데이터센터에 들어가는 컴퓨터는 데이터를 저장하고, 각종 앱이나 서비스를 제공하는 것을 목표로 삼았다. 게임을 서비스하거나 유튜브, 넷플릭스 같은 미디어를 보여준다거나 각종 데이터를 저장해놓는 것 같은 일 말이다. 그래서 뛰어난 연산 성능보다는 안전성과 데이터 저장 규모가 더 중요했다.

반면 AI 슈퍼컴퓨터는 AI를 학습시키고, 학습을 마친 AI를 고객들에게 서비스하는 것이 목적이다. 엄청난 규모의 데이터를 가져와서 엄청난 규모의 '연산'을 해야 하는 것이다. 이 연산 과정에서 엄청난 전기가 소모되고 열이 발생한다. 기존의 데이터센터도 전기 소모가 많고 열이 많이 발생했지만 AI 슈퍼컴퓨터는 그 밀도가 더 높다. 그렇기 때문에 AI 슈퍼컴퓨터가 모인 AI 데이터센터는 기존 데이터센터와는 완전히 다른 데이터센터가 된다. 그리고 AI 사용이 늘어나면 늘어날수록 이런 AI 데이터센터가 더 많이 필요해진다. 젠슨 황은 현재 1조 달러 정도인 AI

데이터센터 시장 규모가 5년 뒤에는 두 배로 늘어날 것이라고 전망했다. 엔비디아는 이렇게 커지는 시장을 차지하는 것을 목표로 삼고 있다.

그들은 어떻게 GPU 하나로 데이터센터 산업을 장악하게 되었나

그렇다면 엔비디아가 만드는 GPU는 어떻게 만들어지고 어떻게 데이터센터에 들어가게 되는 것일까? 2024년 3월 열린 GPU 테크놀로지 콘퍼런스(이하 GTC)에서 젠슨 황은 기조연설에서 이 과정을 꽤 자세하게 다뤘다. 이날 차세대 GPU 플랫폼인 '블랙웰Blackwell'을 공개하면서 '블랙웰 플랫폼'이라는 말을 사용했다. 엔비디아는 그전부터 반도체라는 말 대신 '플랫폼'이라는 말을 자주 썼다.

반도체 칩은 웨이퍼에 회로를 최대한 집적시키는 형태로 발전해왔다. 엔비디아가 이번에 공개한 블랙웰은 2,080억 개의 회로가 집적되어 있다. 블랙웰의 특징은 엔비디아 반도체 중 처음으로 반도체 다이(웨이퍼에서 잘라낸 반도체 칩의 개별 단위) 두 개를 연결해서 만든 제품이라는 점이다. 반도체 성능 발전이 한계에 이르면서 최근에는 하나의 웨이퍼에서 나온 반도체를 연결하는 일이 빈번해지고 있다. 이렇게 만들어진 블랙웰 칩을 HBM과

결합시키면 '블랙웰 GPU'가 만들어진다. 대규모 데이터의 이동이 필요한 AI 반도체의 특성상 고성능 D램인 HBM을 GPU 바로 옆에 붙여놓는 것이다.

데이터센터는 GPU만으로는 구동이 되지 않는다. 우리가 개인용으로 쓰는 PC 안에 CPU가 따로 있고 GPU가 그래픽 작업을 처리해주는 것과 마찬가지다. 과거 데이터센터 서버컴퓨터의 CPU로는 인텔의 제품을 많이 사용했다. PC CPU 쪽에서는 인텔이 업계 표준이었기 때문이다. 그러던 2021년, 엔비디아는 '그레이스'라는 이름의 자체 CPU를 처음 공개한다.

그림 3-3 | 그레이스 CPU 한 개와 GPU 두 개로 구성된 블랙웰 슈퍼칩

출처: 엔비디아

이 CPU는 개발 단계부터 GPU와 짝을 이뤄 데이터센터에서 슈퍼컴퓨터와 AI를 학습시키기 위한 용도로 만들어졌다. 전설적인 미국 과학자 겸 해군 장성 그레이스 호퍼Grace Hopper에게서 이름을 따온 이 플랫폼이 탄생하면서 과거 V100, A100, H100이라는 코드명을 가졌던 엔비디아 GPU 제품들에 G가 붙은 GH100, GB100이 등장하게 된다. 그레이스 CPU와 짝을 이룬 GPU라는 뜻이다. 그레이스 호퍼는 GH100, 그레이스 CPU와 블랙웰 GPU가 짝을 이룬 것은 GB100이라고 부른다.

GTC에서 공개된 GB200은 그레이스 CPU 한 개와 블랙웰 GPU 두 개가 짝을 이룬다. CPU와 GPU가 힘을 합쳐서 고도의 컴퓨팅 계산을 해내는 것이다. 그런데 세 개의 반도체를 오가면서 연산을 하다 보니 그 과정에서 많은 병목현상이 발생한다. 이를 줄이기 위해 엔비디아가 개발한 연결 기술이 있으니 바로 NV링크NVLink다. 2014년 공개된 엔비디아의 NV링크는 엔비디아가 대단히 강조하는 기술이다. 미국의 대표 IT 기업들이 합작하여 만든 CPU와 주변 장치를 연결하는 슬롯인 PCIe 기술을 대체하기 위해 개발한 것으로, 확장성은 떨어지지만 성능이 더 뛰어나다. 무엇보다 엔비디아 자체 기술이기 때문에 수익성이 더 높다.

또 CPU와 GPU만으로 연산이 되느냐 하면 그렇지 않다. 블루필드BlueField라고 하는 DPUData Processing Unit가 함께 들어간다. DPU는 데이터센터에서 데이터센터, 장비, 네트워크 사이의 데이터 처리를 효율적으로 해주는 반도체다. 엔비디아는 2020년

그림 3-4 | 블루필드-3 DPU

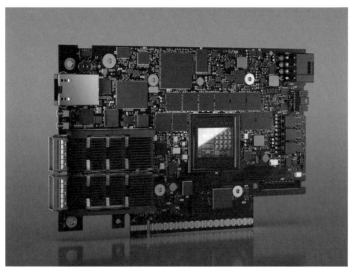

출처: 엔비디아

이 블루필드라는 이름의 자체 DPU를 공개했다. 데이터센터에서 DPU의 중요성을 잘 알고 있었기 때문에 이를 직접 만든 것이다. 현재 DPU 시장은 기존의 강자인 마벨Marvell에 이어, 인텔이 IPU를, AMD는 펜산도Pensando라는 이름의 DPU를 세상에 선보일 정도로 매우 뜨겁다. 데이터센터 차원에서 네트워크의 중요성이 크기 때문이다.

이렇게 두 개의 GPU와 한 개의 CPU를 NV링크로 연결시키고, 이 두 개를 DPU와 결합해 만들어지는 것이 블랙웰 컴퓨트 노드다. 그리고 이 노드를 18개 쌓아 만든 것이 바로 'GB200

NVL72'다. 72개의 GPU가 들어가고 NV링크로 연결되기 때문에 이렇게 이름 붙인 것인데, 서버컴퓨터에 들어가는 랙과 유사한 개념이다.

이 GB200 NVL72를 직사각형의 서버컴퓨터에 넣고 냉각 장치와 전원 등을 연결하면 하나의 슈퍼컴퓨터가 만들어진다. 하지만 이 컴퓨터를 가지고는 거대한 AI를 학습시킬 수 없다. 컴퓨터 수백 대가 모여서 데이터센터를 만들어야 하기 때문이다. 그렇게 해서 또 탄생한 것이 여러 대의 슈퍼컴퓨터를 연결하는 기술(고성능 컴퓨터 네트워킹 버스)인 인피니밴드^{InfiniBand}다. 결국 엔

그림 3-5 | 엔비디아의 최신 AI 슈퍼컴퓨터 블랙웰

출처: 엔비디아

비디아의 슈퍼컴퓨터를 가지고 AI를 학습시키기 위해서는 인피니밴드 시스템을 사용할 수밖에 없다.

과거 엔비디아는 데이터센터에 들어가는 GPU만을 제조했다. 하지만 데이터센터 시장에 진입한 후 주요 하드웨어를 직접 만드는 방향으로 몸집을 불리며 진화해왔다. 2014년 직접 만든 NV링크를 공개했고, 2019년에는 인피니밴드를 만드는 이스라엘 기업 멜라녹스Mellanox를 인수했다. 2020년에는 블루필드 DPU를, 2021년에는 서버용 CPU 그레이스를 공개했다. 이렇게 GPU라는 막강한 제품을 레버리지 삼아 데이터센터 전체로 자신들의 영향력을 넓힌 것이다.

엔비디아는 2024년 6월, 세계 최대 IT 박람회 중 하나인 대만 '컴퓨텍스 2024'에서 향후 AI 반도체 신제품 로드맵을 공개했다. 2024년 3월 공개된 블랙웰의 양산과 고객 인도가 2024년 말로 예정된 상태에서 그는 다음 세대인 '루빈Rubin'을 2026년에 공개할 예정이라고 그 자리에서 밝혔다. 그리고 2027년에는 루빈 울트라 GPU를 내놓을 예정이다. 루빈과 함께 차세대 CPU인 '베라Vera'도 공개된다. 과거 공개한 그레이스 CPU의 후속 모델이 베라 CPU다. 그레이스가 처음 등장했을 때 호퍼 GPU와 짝을 이뤘던 것처럼 베라도 루빈과 짝을 이룬다. 그레이스 호퍼를 미국의 여성 컴퓨터 공학자 이름에서 따온 것처럼 베라 루빈은 미국의 유명 여성 천문학자의 이름에서 따왔다. 그레이스 CPU와 블랙웰 GPU를 합친 제품명이 GB100, GB200인 것처럼 베라 CPU와 루빈 GPU가 짝을 이룬 제품명은 VR100, VR200이 될 것으로 보인다. NV링크와 인피니밴드 같은 네트워킹 장치들도 그에 맞춰 업그레이드될 예정이다.

깨져버린 무어의 법칙, AI 팩토리가 이끌 AI 산업혁명의 미래

컴퓨텍스 2024에서 젠슨 황은 로드맵 공개뿐만 아니라 'AI 팩토리^AI factory'를 만든다는 엔비디아의 비전을 자세하게 설명했다. 젠슨 황이 생각하는 컴퓨팅의 미래가 어떤 모습인지를 이 강연을 통해서 한번 자세히 들어볼 가치가 있다. 엔비디아와 같은 반도체 기업들이 이렇게 로드맵을 공개하는 이유는 고객들이 이 로드맵을 인지하고 미리 준비할 수 있도록 하기 위해서다. 특히, 반도체를 비롯한 IT 제품들은 시간이 지나면서 꾸준히 성능이 향상되기 때문이다.

젠슨 황은 과거 GTC에서부터 'AI 팩토리'라는 표현을 계속해서 사용해왔다. 기존에는 IT 서비스를 위한 인프라로 기업에게는 '비용'이었던 데이터센터가 생성형 AI의 등장으로 '제품'을 생산하는 공장이 되었다는 의미다. 그는 "AI 팩토리는 토큰을 생산하는 공장으로 이것은 텍스트, 이미지, 음성 등 무엇이든 될 수 있다"면서 "데이터센터가 공장으로 변하면서 이를 효율적으로 운영하는 것이 곧 기업의 실적이 된다"고 설명했다.

그는 기존의 공장이 산업혁명을 일으켰던 것처럼 이 같은 'AI 공장'이 새로운 산업혁명을 만들어낼 것이라면서 이를 통해서 만들어질 수 있는 시장은 1,000조 달러에 달한다고 말했다. 엔비디아가 타깃으로 하는 전 세계 데이터센터 시장은 현재 1조 달러 규모다. 이마저도 엔비디아가 전부 차지할 수 있는 건 아니다. 그럼에도 그는 AI가 인류 전체에 미칠 파급력을 1,000조 달러로 계산하고 있다. 1,000조 달러가 얼마인지 잘 감이 오지 않을 수 있는데, 원화로 계산하면 137경 원에 달하는 상상을 초월하는 숫자다. 그의 이런 믿음은 엔비디아가 만드는 GPU와 데이터센터가 새로운 '무어의 법칙Moore's law'을 만들 것이라는 생각에 바탕을 두고 있다.

인텔의 창업자 중 한 명인 고든 무어Gordon Moore가 이야기한 무어의 법칙은 반도체 집적회로의 성능이 1.5년마다 두 배로 증가한다는 법칙이다. 이는 오랫동안 반도체뿐만 아니라 테크 업계 전반에서 기술 혁신을 설명하는 가장 중요한 법칙 중 하나로 받아들여졌다. 그러나 최근 들어서는 반도체 웨이퍼에 집적도를 높이는 것이 한계에 부딪히면서 '무어의 법칙'이 깨졌다는 믿음이 커지고 있다. 더 이상 반도체 회로를 작게 만들 수 없는 상황에 도달했기 때문이다.

하지만 젠슨 황은 이런 무어의 법칙이 '반도체'가 아닌 '데이터센터' 단위에서 다시 작용할 수 있다고 전망한다. 엔비디아

GPU의 연산 능력이 좋아지고, 컴퓨터와 컴퓨터를 연결하는 네트워크의 성능이 좋아지면 굳이 반도체의 집적도가 증가하지 않아도 컴퓨팅 성능이 빠르게 좋아질 수 있다는 설명이다. 엔비디아는 이렇듯 자신들이 개발한 GPU, DPU, NV링크 등을 가지고 반세기 넘게 테크 업계의 공식으로 자리 잡은 무어의 법칙을 변화시키며 1,000조 달러 규모의 새로운 AI 산업혁명을 이끌고자하고 있다.

엔비디아의 주요 GPU 발전 라인업

종류	세부 내용
GeForce 20 시리즈	발표 연도 : 2018년
	사용 용도 : 게임용 GPU
	주요 특징: - 튜링Turing 아키텍처, 딥러닝에 특화된 텐서 코어 사용 - 현실적으로 고품질의 그래픽을 생성하는데 중요한 역할을 수행하는 레이 트레이싱Ray Tacing을 최초로 지원했음. AI 기능을 도입함.
Quadro RTX 4000/5000	발표 연도: 2018년
	사용 용도: 전문가 및 엔터프라이즈 그래픽스, 고성능 컴퓨팅HPC
	주요 특징: - 튜링 아키텍처, 텐서 코어 사용 - 레이 트레이싱 지원 및 AI 기능 도입함 - 과학 연구와 고성능 컴퓨팅 작업에 적합한 성능 제공. 디자인, 제조, 의료, 영화 및 애니메이션 제작 등의 분야에 사용됨. 그래픽 처리와 병렬 계산 성능을 최대한 활용할 수 있음.
GeForce 30 시리즈	발표 연도: 2020년
	사용 용도: 게임용 GPU
	주요 특징: - 암페어Ampere 아키텍처(튜링보다 성능, 효율성이 크게 향상됨), 텐서 코어 사용 - 실시간 레이 트레이싱 지원 - DLSSDeep Learning Super Sampling 2.0 기술을 통해 그래픽의 현실성과 세밀함을 향상시킴.
A100 시리즈	발표 연도: 2020년
	사용 용도: 데이터센터 및 과학 연구용
	주요 특징: - 암페어 아키텍처 - 텐서 코어 기반 AI 가속(특히 대규모 데이터 작업에서 딥러닝 학습과 추론이 가능함) - 고성능 HBM2 사용 - NV링크를 통해 다수의 GPU를 연결해 고성능 병렬 처리 구현 가능.

H100 시리즈	발표 연도: 2022년
	사용 용도: 데이터센터 및 과학 연구용
	주요 특징: - 호퍼^{Hopper} 아키텍처, 4세대 텐서 코어, HBM3 메모리 - A100 대비 6배 향상된 AI 성능 제공 - 거대언어모델 및 생성형 AI 작업에 최적화
GeForce 40 시리즈	발표 연도: 2022년
	사용 용도: 게임 및 그래픽 작업용 GPU
	주요 특징: - 에이다 러브레이스^{Ada Lovelace} 아키텍처, - 4세대 텐서 코어, 3세대 RT 코어 - 레이 트레이싱 성능 향상, AI 기능 강화 더욱 실제 같은 가상 현실과 빠른 게이밍 경험을 가능하게 함.
L40S 시리즈	발표 연도: 2023년
	사용 용도: 데이터센터 및 과학 연구용
	주요 특징: - 에이다 러브레이스 아키텍처, 4세대 텐서 코어, 3세대 RT 코어 - 생성형 AI, 거대언어모델 추론 및 훈련, 3D 그래픽, 렌더링, 영상 등 다양한 차세대 데이터센터 업무에 적합
H200 시리즈	발표 연도: 2023년 말 발표(2024년 출시 예정)
	사용 용도: 데이터센터 및 과학 연구용
	주요 특징: - H100의 업그레이드 버전(에너지 효율성 및 성능 면에서 상당한 개선 예상) - HBM3e 메모리 사용으로 대역폭 크게 향상 - 거대언어모델 및 생성형 AI 작업에 더욱 최적화
B100/B200 시리즈	발표 연도: 2024년(2024년 말 출시 예정)
	사용 용도: 데이터센터 및 과학 연구용
	주요 특징: - 블랙웰 아키텍처, H100 대비 3배 향상된 학습 속도 - 그레이스 CPU, NV링크와 결합된 서버컴퓨터(GB200 NVL72) 단위로 주로 판매, HBM3E 탑재
R100 시리즈	발표 연도: 2024년(2026년 출시 예정)
	사용 용도: 데이터센터 및 과학 연구용
	주요 특징: - 루빈^{Rubin} 아키텍처 - 차세대 CPU 베라^{Vera}와 짝을 이뤄서 판매, HBM4 탑재 예정

'제2의 먹거리' 메타버스와 디지털 트윈

생성형 AI가 엔비디아의 주가를 띄우기 시작한 2023년이 되기 전, 젠슨 황이 엄청나게 주력했던 또 하나의 산업이 있다. 바로 '메타버스'다. 그는 2020년 10월에 열린 GTC에서 앞으로 메타버스의 시대가 올 것이라고 발표하면서 메타버스를 '3D 공간에서 실시간으로 여러 사람이 동시에 같은 경험을 하는 가상세계'라고 설명했다.

코로나19로 바깥 세상으로 나가는 것이 어려워지자 사람들은 가상세계로 관심을 돌렸다. 이때 가장 큰 호황을 맞이한 분야가 바로 게임이었다. 특히 포트나이트Fortnite, 마인크래프트, 로블록스 같이 여러 사람들과 동시에 즐기는 '오픈월드' 형태의 게임들이 큰 인기를 끌었다. 그리고 넘치는 유동성으로 2019년부터 급등하기 시작했던 암호화폐들이 메타버스를 전면에 내걸기 시작했다. 암호화폐가 가상세계의 문제를 해결해주는 기술이라고 주장하면서 말이다. 또한 암호화폐가 여러 가상세계 사이로 자유롭게 자산을 이동할 수 있는 '호환성'도 제공해줄 수 있다고 주장했다. 실제 효용성은 밝혀지지 않았음에도 메타버스 관련된 코인의 가격이 급등하면서 메타버스 전체가 큰 주목을 받았다. 메타버스가 뜨면서 가상현실 시장에 진출했던 페이스북도 회사명을 '메타'로 바꿀 정도였다.

그림 3-6 | 2021년 엔비디아가 공개한 젠슨 황 아바타

출처: 엔비디아

시뮬레이션으로 현실의 문제를
해결하는 디지털 트윈 기술

엔비디아도 2020년 이런 가상현실과 메타버스의 흐름에 올라타며 '옴니버스Omniverse'라는 개념을 제시했다. 실시간 개방형 3D 디자인 협업 플랫폼인 옴니버스는 일반 소비자가 아닌 기업을 대상으로 한 협업 플랫폼이다.

사실 엔비디아는 이미 높은 수준의 3D 시뮬레이션 기술을 보유한 회사였다. 고사양의 3D 컴퓨터 그래픽 작업을 구현하는 데 있어 엔비디아의 GPU가 디자인, 영화 등의 영역에서 쓰이고 있었기 때문이다. 대표적인 것이 RTX 아다Ada라는 제품군들이다. 옴니버스는 이런 3D 기술을 실시간의 영역으로 가져온 것으로, 메타버스라는 테마가 유행하자 엔비디아는 이를 기존의 서비스와 묶어서 마케팅하기 시작했다.

메타버스를 구현하기 위해서는 사실 엄청난 규모의 컴퓨터 연산이 필요하다. 3D 가상세계의 품질이 좋으면 좋을수록 더 많은 컴퓨터 연산이 필요하고, 참여하는 사람의 수가 많아질수록 또 더 많은 연산을 필요로 한다. 그래서 그래픽을 계산하는 GPU가 필요할 수밖에 없는 실정이다.

엔비디아가 가장 유망하게 보는 메타버스 영역은 '디지털 트윈Digital Twin'이다. 디지털 트윈은 현실 세계와 동일한 가상세계를 그대로 만드는 것으로, 주로 제조 기업들의 생산 현장에서 공정

그림 3-7 | 엔비디아, 지멘스, HD현대가 만든 LNG운반선 디지털 트윈

을 개선하거나 사고 발생을 막는 등의 다양한 용도로 쓰인다. 옴니버스를 활용하면 로보틱스, 자동차, 건축, 엔지니어링, 건설, 제조, 미디어 및 엔터테인먼트 산업에 종사하는 작업자들이 실제 세계와 가상세계를 융합하여 사실적인 디테일로 그리고 실시간으로 현실을 시뮬레이션할 수 있다.

대표적인 사례가 GTC 2024에서 공개된 HD현대 삼호중공업의 LNG운반선을 3D로 렌더링한 것이다. 이 렌더링은 엔비디아와 독일의 글로벌 산업 솔루션 기업인 지멘스Siemens, HD현대가 협업해 만들었다. 지멘스의 CAD(컴퓨터 기반 설계)와 PLM(제품 수명주기 관리) 프로그램에 엔비디아의 그래픽 기술을 활용해 대형 이미지를 디지털 트윈으로 구성했다. 이렇게 디지털 트윈으로 구축된 LNG운반신은 제원, 형태, 색상, 로고 등을 실제 배를 보는 것과 똑같이 실시간으로 확인할 수 있다.

이들 외에도 안시스^Ansys, 마이크로소프트, 보쉬^Bosch 같은 기업들이 제조업 분야의 디지털 트윈 솔루션을 제공하고 있다. 다쏘시스템^Dassault Systèmes처럼 제품 분야의 디지털 트윈 솔루션을 제공하거나 데이터센터에 특화된 디지털 트윈 기업도 있다. 엔비디아는 이런 기업들과 직접 경쟁하기보다는 이들과 손을 잡고 고객에게 엔비디아의 제품을 판매하고 있다.

또한 엔비디아는 옴니버스 엔터프라이즈^Omniverse Enterprise라는 솔루션과 이를 가동시키는 '엔비디아 OVX'라는 시스템을 가지고 있다. OVX는 디지털 트윈과 고성능 그래픽에 특화된 옴니버스용 슈퍼컴퓨터라고 보면 된다.

메타버스와 디지털 트윈은 AI와 데이터센터 다음을 바라보는 엔비디아의 대표적인 사업이다. AI가 모든 산업에 보편화되고 이동통신처럼 인프라 투자가 완료되면 그다음엔 무엇을 가지고 성장할 것인가라는 질문이 많다. 엔비디아는 그다음 먹거리 중 하나로 '메타버스'를 보고 있다. 실제로 젠슨 황은 2023년 11월 《뉴요커^The New Yorker》와 한 인터뷰에서 엔비디아가 투자한 여러 분야 중 AI처럼 큰 도박일 수 있는 분야가 무엇인가라는 질문에 대해 '옴니버스'라고 답했다.

향후 메타버스 산업이 어떤 식으로 확장될지는 아직 불투명하다. 지금 확실한 시장으로 자리잡고 있는 것은 산업용 메타버스 정도다. 하지만 앞으로 어떤 방향으로 시장이 흘러간들 이에 대응할 수 있도록 엔비디아는 모든 것을 준비하고 있다.

인간의 삶을 개선시키는 로보틱스와 자율주행 솔루션

2024년 GTC에서 AI 다음으로 많은 관심을 받은 것은 로보틱스였다. 당시 젠슨 황은 앞서 소개한 옴니버스와 AI, 로봇컴퓨팅을 하나로 묶은 개념을 제시하면서 최근 떠오르는 AI 로봇 시장에 합류함을 공식적으로 밝혔다. 로봇의 뇌에 해당하는 인공지능을 엔비디아의 옴니버스 가상세계에서 학습시키고, 이를 로봇 시스템에 탑재시킨다는 아이디어였다. 그 관심을 잘 보여주듯 그의 기조연설이 끝나갈 즈음 엔비디아의 생성형 AI 기술로 훈련시킨 로봇이 등장했다. 디즈니와 협업해 만든 이 로봇들의 모습이나 행동은 흡사 강아지와 비슷했는데, 젠슨 황의 명령을 알아든

그림 3-8 | GTC 2024에서 젠슨 황과 함께 무대에 오른 로봇

출처: 엔비디아

기도 하고, 먹을 걸 달라고 떼를 쓰는 등 진짜 강아지 같은 모습을 보여주기도 했다.

오늘날 생성형 AI만큼 그 발전 속도가 빠른 분야가 바로 로보틱스다. 문자 그대로 '자고 일어나 보니 달라졌다'라고 할 만큼 불과 1~2년 사이에 새로운 모습들을 보여주고 있다. 어째서 최근 들어 로보틱스가 이렇게 주목을 받게 된 걸까?

사실 휴머노이드 로봇은 그동안 낮은 효율성으로 상업성이 떨어진다는 평가를 받아왔다. 하지만 기술적인 진보가 이뤄지면서 이 분야에 대한 관심이 높아지고 있다. 그 이유는 첫째, 전동모터와 배터리 기술의 발달 때문이다. 덕분에 훨씬 정밀한 움직

임의 휴머노이드 로봇을 만드는 것이 가능해졌다. 인간형 로봇의 대표주자였던 보스턴 다이내믹스Boston Dynamics가 유압식에서 전동식으로 로봇의 구조를 바꾼 것이 이런 패러다임 변화를 보여준다.

둘째, AI 때문이다. 보스턴 다이내믹스처럼 머신러닝을 통해 로봇이 인간처럼 걷고 움직이는 것이 가능해졌고, 이는 이미지 인식과 대화 등의 영역에도 확장되고 있다. 많은 전문가들이 자연어를 이해하는 LLM의 다음 수순으로 로봇 파운데이션 모델의 등장을 예측한 이유도 바로 여기에 있다. 오픈AI도 자신들이 만들고 있는 LLM이 휴머노이드형 로봇에서 쓰일 수 있도록 피겨01Figure01과 같은 로보틱스 회사와 함께 연구를 하고 있다.

이날 GTC에서 엔비디아가 공개한 프로젝트 그루트Project GROOT는 'Generalist Robot 00 Technology'의 약자로, 이족 보행 휴머노이드 로봇에 쓰이는 범용 AI 모델을 만드는 프로젝트를 뜻한다. 단순히 로봇 안에 들어가는 인공지능을 만드는 데서 끝나지 않고 로봇 개발의 전 과정, 즉 훈련부터 개발, 배포까지 모든 것을 엔비디아가 책임지는 로봇 통합 제작 솔루션이다.

그루트로 구동되는 로봇은 자연어를 이해하고 인간의 행동을 관찰하여 움직임을 모방하도록 설계됐다. 실제 세계를 탐색하고 적응하며 상호 작용하기 위해 만들어졌고, 그런 이유로 현실의 많은 것들을 빠르게 학습할 수 있다. 엔비디아는 1X 테크놀로지스1X Technologies, 어질리티 로보틱스Agility Robotics, 앱트로닉Apptronik,

그림 3-9 | 휴머노이드 로봇 피겨01

출처: 피겨AI

보스턴 다이내믹스, 피규어 AI^{Figure AI}, 푸리에 인텔리전스^{Fourier} Intelligence, 생츄어리 AI^{Sanctuary AI}, 유니트리 로보틱스^{Unitree Robotics}, 샤오펑 로보틱스^{XPENG Robotics} 등 주요 로봇 기업을 위한 포괄적인 AI 플랫폼을 구축하여 휴머노이드 로봇을 만들 예정이다.

사실 엔비디아가 로보틱스에 관심을 가진 것은 최근의 일이 아니다. 결국 로봇의 성능은 소프트웨어에 의해 좌우되기에 고성능의 반도체가 필수적이기 때문이다. 다만 로봇은 인터넷에 연결되어 있지 않은 상태에서도 잘 작동해야 하기에 일반적인 AI나 반도체와는 다른 기술이 필요하다.

로봇을 만들기 위한 엔비디아의 하드웨어 솔루션은 젯슨 토르Jetson Thor다. 이는 로봇에 탑재되는 전용 반도체라고 할 수 있는데, AI 연산에 엔비디아의 고성능 GPU를 활용할 수 있어 AI가 접목된 프로젝트에서 널리 사용되고 있다. 또한 로봇에 필요한 엔비디아의 소프트웨어 솔루션은 아이작Isaac이다. 로봇 개발을 위한 라이브러리부터 시뮬레이터, 시각 AI까지 로보틱스를 위한 다양한 서비스를 제공한다. 이렇게 소프트웨어 개발 솔루션에 하드웨어 개발까지 더한 것이 그루트 프로젝트의 주요 골자라 할 수 있다.

로보틱스 분야에서 이들이 통합 AI 플랫폼을 구축하며 확장하는 모습을 보고 있자면 데이터센터 산업에서 자신들의 영향력을 확장시킨 방식이 떠오른다. GPU만을 제조하다가 이를 레버리지 삼아 데이터센터 전체로 영향력을 넓힌 것처럼 이들은 지금 로보틱스 분야에서도 강력한 하드웨어와 소프트웨어를 합쳐진 미래를 선도하고자 하고 있다.

테슬라, 퀄컴, 엔비디아의 삼각편대 '바퀴 달린 AI'의 미래는?

모빌리티 시장은 최근 10년간 가장 극적인 변화가 이뤄지고 있는 시장이다. 새로운 전기차 시장은 기존 내연기관 시장에서 경쟁력을 갖고 있던 글로벌 자동차 회사들을 수많은 스타트업과 같은 출발선상에 서게 만들었다. 나아가 전기차의 부상은 자율주행 혁명으로 이어지며 자동차 산업의 판도를 완전히 바꾸어놓았다.

현재 자율주행차 개발을 주도하고 있는 기업은 우리도 익히 알고 있는 테슬라다. 테슬라 차량은 '바퀴 달린 컴퓨터'라는 별명이 있을 정도로 소프트웨어 중심 차량Software Defined Vehicle이다. 운전 중에도 많은 데이터가 수집되고 있으며 이는 테슬라의 데이터센터로 보내져서 자율주행 학습에 사용된다. 테슬라 차량 사용자가 많아질수록 테슬라의 자율주행 수준이 점점 높아지는 이유다.

자율주행차 붐이 막 일어날 무렵, 자율주행차의 핵심이 컴퓨팅이 될 것임을 간파한 엔비디아는 재빨리 이 시장에 뛰어들었다. 물론 그들이 만든 것은 자동차 외장이 아니라 '자율주행 플랫폼'이었다. 테슬라처럼 소프트웨어 기반의 차를 만드는 기술이 없어도 기업들이 자율주행 하드웨어와 학습 인프라를 충분히 개발할 수 있는 길을 연 것이다. 자율주행차에 들어가는 전용 반도체와 OS, 그리고 이를 학습시킬 수 있는 데이터센터 인프라도 함께 판매함으로써 엔비디아는 다른 많은 기업들이 전기차를 비롯해 자율주행차 시장에 뛰어들 수 있게 해주었다. 중국의 리 오토Li Auto, GWM, 지커ZEEKR 같은 회사들도 엔비디아의 고객이다. 자동차용 반도체로는 2022년에 나온 엔비디아 드라이브 토르NVIDIA DRIVE Thor라는 제품이 있으며 그전 세대의 제품인 오린Orin도

그림 3-10 | 엔비디아의 자율주행 플랫폼으로 만들어진 지커

출처: 엔비디아

많은 고객들이 사용하고 있다.

2024년 4월 세상에 공개된 샤오미Xiaomi의 SU7도 엔비디아 드라이브 플랫폼에서 자율주행을 서비스하고 있다. 엔비디아가 제공하는 자율주행 솔루션 덕분에 기존의 자동차 회사가 아닌 샤오미 같은 전자기기 회사도 쉽게 전기차와 자율주행차를 만들 수 있게 된 것이다. 현재 메르세데스벤츠, 재규어랜드로버, 볼보, 현대자동차그룹, BYD, 폴스타, 니오 등이 엔비디아의 드라이브 플랫폼을 사용하고 있다.

현재 자율주행차 시장에서 엔비디아의 직접적인 경쟁사는 퀄컴이다. 엔비디아가 드라이브 플랫폼으로 반도체와 소프트웨어를 함께 판매하는 것처럼 퀄컴도 '스냅드래곤 라이드Snapdragon Ride' 플랫폼을 통해 반도체와 소프트웨어를 판매하기 때문이다.

혼다^{Honda}, 스텔란티스^{Stellantis}, BMW, GM/캐딜락 같은 자동차 회사들이 퀄컴의 솔루션을 사용하고 있는 것으로 알려져 있다. 여기에 인텔의 자회사인 모빌리티 전문 회사 모빌아이^{Mobileye}까지 포함해서 자율주행차 솔루션 시장에서는 치열한 경쟁이 벌어지고 있다.

하지만 2024년 들어 이런 흐름이 약간 주춤하는 모양새다. 일단 가장 큰 전기차 시장인 미국에서 소비자들이 전기차에 대한 피로감을 보이고 있고, 자율주행으로 인한 인명 사고가 발생했으며, 규제 기관의 개입이 이뤄지면서 자율주행차가 도로를 달리는 것이 쉽지 않으리라는 전망이 나오고 있기 때문이다. 웨이모와 같은 무인 로보택시가 미국과 중국에서 상용화를 시작하

그림 3-11 | 구글의 로보택시 웨이모는 샌프란시스코에서 상업 운전을 하고 있다.

출처: 웨이모

긴 했지만 도입 속도는 예상보다 느리고, 테슬라의 FSD(완전자율주행) 같은 서비스는 운전자의 주의집중 의무가 강화되고 자동차 회사의 책임이 강화되는 모습이다.

이런 상황에서 엔비디아와 같은 자율주행 솔루션도 과거와 같은 관심을 얻기는 쉽지 않을 것으로 보인다. 앞다투어 엔비디아 드라이브 플랫폼을 사용했던 많은 전기차 스타트업이 문을 닫고 있는 상황도 엔비디아로서는 좋지 않은 일이다.

그러나 젠슨 황은 2024년 5월 야후 파이낸스와의 인터뷰에서 "테슬라의 자율주행이 앞서 있기는 하지만 언젠가는 모든 자동차들이 자율주행 능력을 가져야만 한다. 그게 더 안전하고 편리하고 즐겁기 때문이다"라고 말하며 자율주행차 시장을 여전히 긍정적으로 바라보고 있음을 내비쳤다. 현재는 자율주행차와 전기차 시장이 일시적으로 위축된 양상을 보이지만 이는 잠깐의 조정일 가능성이 크다는 의미다.

엔비디아는 로보틱스와 자율주행 산업에서도 매우 높은 수준에 올라와 있다. 물론 아직까지 엄청난 매출이 발생하고 있지는 않지만 지금 이 분야에 진입하는 스타트업들에게 어떤 플랫폼을 쓰는지 물어보면 대다수가 엔비디아의 추론칩과 플랫폼을 사용하고 있다고 할 것이다. AI와 마찬가지로 엔비디아는 지금 미리 기술을 선점한 채, 사과가 떨어지기만을 기다리고 있다.

AI 산업의 최강자, 바이오 산업의 핵심 기업이 되다

매년 1월 샌프란시스코에서 열리는 JP모건 헬스케어 콘퍼런스는 전 세계에서 가장 규모가 큰 헬스케어 행사로 유명하다. 그런데 2024년 열린 콘퍼런스에서 가장 큰 주목을 받은 사람은 헬스케어 업계의 CEO가 아닌 젠슨 황이었다.

그는 그날 행사의 기조연설자로 참여했을 뿐만 아니라 스타트업 리커전Recursion의 이사회 의장인 마틴 차베즈Martin Chavez와 대담을 하기도 했다. 이 자리에서 젠슨 황은 "이제 구조가 있는 거의 모든 것을 언어로 인식하고 학습할 수 있으며, 또한 번역할 수 있다"고 말했다. AI가 텍스트를 입력하면 그에 맞는 이미지를 생성하는 것처럼 텍스트를 입력해 단백질 구조를 생성하고, 단백질을 텍스트로 번역할 수도 있다는 얘기였다.

신약 개발의 판도를 바꾼 GPU

GPU 시장을 장악하고 있는 세계 최대 규모의 반도체 기업과 헬스케어 산업은 언뜻 생각하면 아무 연관성이 없어 보인다. 하지만 엔비디아와 가장 거리가 멀 것처럼 보이는 헬스케어 분야에서도 매년 클라우드 서비스 업체를 통해 10억 달러 이상의 규모로 엔비디아의 GPU를 사용하고 있다. 젠슨 황에 따르면 헬스케어 업계는 이미 15년 전부터 엔비디아 GPU를 사용해서 연구를 해왔다. 그리고 점점 컴퓨팅 파워가 발달하면서 GPU를 활용한 신약 개발 연구가 보편화되고 있다.

그런 이유로 젠슨 황은 생성형 AI가 생물학 연구에도 적용될 것이라 이야기한다. 인간의 언어를 연구해서 챗GPT처럼 언어를 잘하는 AI가 등장했듯이 AI가 단백질 구조를 연구하고 이해할 수 있다는 것이다. 엔비디아는 생성형 AI가 신약 개발을 비롯해 헬스케어 분야에서도 혁명적인 변화를 가져오리라 기대하고 있다.

엔비디아가 제시한 헬스케어 분야의 GPU 사용 사례로는 바이오네모^{BioNeMo}와 NIM^{NVIDIA Inference Model}의 바이오 마이크로 서비

그림 3-12 | 헬스케어 산업에서 엔비디아 GPU의 사용 사례

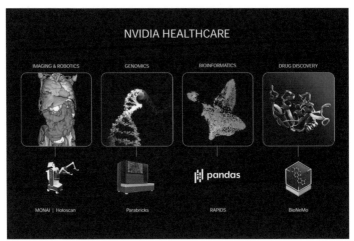

그림 3-12 | 헬스케어 산업에서 엔비디아 GPU의 사용 사례

출처: 엔비디아

스가 있다. 바이오네모는 엔비디아가 AI 신약 개발을 위해 만든 생성형 AI로, DNA 시퀀스를 분석하고 약물의 분자 구조에 따른 단백질 변화를 예측한다. 이 플랫폼을 이용하면 기존에 10년 이상의 시간과 20억 달러가 넘는 비용을 들이고도 성공률이 채 10%에 미치지 못했던 신약 개발의 성공 가능성을 한층 높일 수 있다. 또한 NIM은 추론 영역에 특화된 클라우드 서비스로, 신약 개발과 관련된 20여 개의 마이크로 서비스를 제공한다. 고급 이미징, 자연어 및 음성 인식, 디지털 생물학 생성, 예측 및 시뮬레이션 등의 기능을 가지고 있다.

구글의 AI 연구를 담당하는 구글 딥마인드 또한 2024년 5월 알파폴드3^{AlphaFold3}라는 AI 모델을 공개했다. 알파폴드는 신약 개

발을 위해 필수적인 단백질 접힘protein folding 연구에서 딥러닝 알고리즘을 활용하기 위해 개발된 것으로, 이 알고리즘을 활용해 단백질과 DNA, RNA 등 분자 구조를 모델링하면 연구에 걸리는 시간을 획기적으로 줄일 수 있다. 결과적으로 이는 신약 개발에 걸리는 시간을 단축시키는 데도 크게 기여할 것이다. 구글은 또한 알파폴드3를 쉽게 사용할 수 있는 연구 지원 플랫폼인 '알파폴드 서버'도 공개했다. 이런 AI 모델 역시 모두 엔비디아의 GPU 같은 AI 반도체를 통해 학습한 것이다.

이렇듯 엔비디아는 헬스케어 분야에서 자사 GPU의 활용이 크게 증가할 것으로 예상하고 적극적으로 이 시장에 진출하고 있다. 2024년 GTC에서는 헬스케어 분야의 파트너십 20개를 발표하기도 했으며 이 중에는 GE 헬스케어GE Healthcare나 존슨앤드존슨Johnson & Johnson 같은 업계를 대표하는 기업들도 포함됐다. 또한 헬스케어 분야의 스타트업에 투자하고 그들이 엔비디아 제품을 사용하도록 유도함으로써 시장을 선점하는 전략을 펼치는 중이다. 만약 이들 스타트업이 성공한다면 엔비디아의 주요 고객으로 성장할 것은 당연한 결과다.

신약 개발을 위한 AI 모델은 차세대 먹거리로 여겨질 만큼 오늘날 그 관심이 뜨겁다. 젠슨 황은 2023년 UC버클리 하스 경영 대학 강연에서 이렇게 말했다.

"다음 번 혁명은 디지털 생물학에서 나올 것이다. 인류 역사에서 이제 생물학이 과학이 아니라 공학이 될 기회를 얻게 됐다. 어떤 분야가 과학이 아닌 공학으로 바뀌면 기하급수적으로 성장할 기회를 얻는다. 과거 세대의 성과를 발판 삼아 복리 효과를 내며 발전하기 때문이다."

엄청난 비용과 시간을 들여도 성공을 장담할 수 없었던 단백질 신약 개발 부문에서 과연 엔비디아는 돌파구를 마련할 수 있을까? 헬스케어 분야에서 앞으로 더 확장될 GPU의 활용을 생각해보면 반도체 기업으로만 여겨졌던 엔비디아가 바이오 산업의 핵심 기업으로 떠오르는 것이 불가능한 일만은 아닐 것이다.

하드웨어 제조 기업에서 서비스 제공 기업으로의 변신

2024년 GTC에서 젠슨 황은 기조연설의 마지막 즈음 연설의 핵심 내용을 다섯 가지로 요약했다. 첫 번째는 AI가 새로운 산업을 만든다는 것이고, 두 번째는 블랙웰 GPU 플랫폼이었다. 옴니버스와 아이작 로보틱스 플랫폼도 다섯 가지 중 하나였다. 나머지 두 가지는 바로 NIM과 네모^{NeMo} 그리고 'AI 파운드리^{AI faundry}'였다. 여기에서 마지막 두 가지에 특히 주목할 필요가 있는데, 엔비디아가 더 이상 하드웨어만을 만드는 기업이 아니라 '서비스 기업'으로 변모하고 있음을 보여주는 사례이기 때문이다.

그림 3-13 │ 엔비디아의 NIM 서비스 개요도

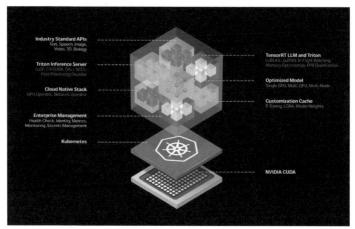

출처: 엔비디아

앞서 설명한 바 있는 NIM은 'NVIDIA Inference Model' 의 약자로, 추론용 모델을 고객이 서비스에 사용할 수 있도록 제 공하는 것을 말한다. AI를 학습시키는 데 GPU가 필요하지만, 이와 더불어 학습된 AI로 고객에게 서비스를 제공하는 데에도 GPU가 필요하다.

예를 들어 2023년 전 세계적으로 큰 인기를 끈 AI 졸업사진 서비스를 생각해보자. 고객이 자신의 사진을 앱에 업로드하면 앱은 이를 학습해 다양한 버전의 졸업사진을 생성해준다. 수많 은 졸업사진을 AI에게 학습시켜 '졸업사진 AI 모델'을 만들고, 여기에 고객의 사진을 입력하면 AI가 고객의 얼굴로 졸업사진 을 그려주는 것이다. 이 과정에서 완성된 모델은 클라우드 사업자의 데이터센터 어딘가에 위치해야 하며, 수많은 고객 데이터가 이 데이터센터로 들어가고 결과물이 출력되어야 한다. 이 과정은 AI 학습이 아니라 AI 추론에 해당한다. 추론 단계에서도 빠른 이미지 생성을 위해서는 CPU가 아닌 GPU가 필요하다. 고객들이 10분 정도까지는 이미지 생성을 기다릴 수 있겠지만 그 이상 소요된다면 서비스를 이탈할 가능성이 크기 때문이다.

CSP(클라우드 서비스 제공업체)들은 이렇게 AI 추론 서비스를 할 수 있는 컴퓨팅 파워와 LLM을 서비스한다. NIM은 엔비디아가 직접 이런 서비스를 제공하는 것이다. 다만, CSP처럼 대규모 데이터센터를 직접 구축하지는 않는다. 이미 엔비디아가 CSP에게 판매한 수많은 GPU가 있기 때문이다. 이를 활용하고 고객들로부터 받은 이용료를 CSP와 나누면 된다.

고객 입장에서는 엔비디아의 GPU를 사용하고 싶을 때 CSP가 아닌 엔비디아에 직접 연락하면 되고, CSP 입장에서도 자사가 구매한 GPU의 고객을 엔비디아가 찾아주니 나쁠 것이 없다. 실제로 AWS, 마이크로소프트, 구글 같은 주요 클라우드 업체들의 CSP에서 NIM 서비스가 이뤄지고 있다.

NIM이 추론 분야 서비스라면, 네모와 AI 파운드리는 AI 학습 분야 서비스다. 기업 고객이 자신들의 데이터를 가져오면 자체적인 AI를 만들 수 있도록 지원한다. AI 파운드리는 엔비디아 AI 파운데이션 모델, 네모 프레임워크, 엔비디아 DGX 클라우드 세 가지를 하나로 합친 서비스로, AI 개발에 필요한 모든 서비스를 통합적으로 제공한다. 엔비디아는 라마3, 파이3, 믹스트랄 같은 파운데이션 모델부터 다양한 AI 모델을 서비스하는데, 이들이 바로 엔비디아 AI 파운데이션 모델이다. DGX 클라우드는 NIM과 마찬가지로 CSP의 데이터센터를 통해 서비스되지만, 슈퍼컴퓨터급 성능의 DGX를 서비스한다는 점이 큰 차이다.

엔비디아는 2024년 4월, 런AI$^{Run:AI}$라는 이스라엘 스타트업을 인수했다. 이 회사는 대규모 GPU 클러스터를 효율적으로 운영해주는 서비스를 제공하는 기업이다. 이 스타트업의 인수는 클라우드 사업 확대를 위한 전략적 움직임으로 해석된다. 엔비디아는 자사의 서비스인 DGX 클라우드에 런AI의 기술을 적용하

그림 3-14 | 엔비디아의 AI 서비스 사업

추론Inference	학습Training
NIMNVIDIA Inference Model - 전 세계 데이터센터에 설치된 엔비디아 GPU로 AI 서비스 - 여러 파운데이션 모델 서비스	**AI 파운드리** - AI 파운데이션 모델: 엔비디아나 다른 기업이 만든 모델을 파인튜닝에 쓸 수 있게 제공 - 네모 프레임워크: AI 학습을 위한 각종 도구 제공 - 엔비디아 DGX 클라우드: CSP에 설치된 엔비디아 GPU를 필요한 만큼만 사용

여 고객에게 제공할 계획을 밝혔다. 만약 CSP를 통한 서비스보다 DGX 클라우드를 사용하는 것이 더 저렴하고 효율적이라는 점이 입증된다면, 고객들은 자연스럽게 엔비디아의 서비스를 선택하게 될 것이다.

엔비디아가 클라우드 서비스를 제공하여 가장 큰 고객인 CSP와 경쟁하는 이유는 여러 가지로 해석할 수 있다. 이는 마치 삼성전자가 직접 독립적인 가전제품 매장을 운영하는 것과 비슷하다. 고객들은 온라인, 이마트나 롯데마트 같은 곳, 혹은 백화점에서 삼성전자의 가전제품을 구매할 수도 있지만 삼성전자 직영 매장을 직접 찾아 구매할 수도 있다. 이렇게 직접 매장을 운영함으로써 유통 회사들과의 협상에서도 유리한 위치를 점할 수 있는 것이다. 어떤 면에서는 CSP들이 엔비디아로부터 '독립'하기 위해 직접 AI 반도체를 만드는 상황과도 유사하다.

다른 하나는 엔비디아의 계속된 성장을 위해서는 클라우드 서비스로의 확장이 불가피하기 때문이다. 지금의 엔비디아는 전형적인 수주 산업의 모습을 보인다. 과거에는 게임용 그래픽 카드가 중점 사업인 B2C 기업에 가까웠던 엔비디아는 이제 데이터센터 부문이 비대하게 커진 B2B 기업이 됐다. 하이퍼스케일러들의 자본투자가 2024년까지는 계속될 것으로 보이지만 이것도 언젠가는 끝날 수 있다. 그런 측면에서 보면 안정적인 매출이 나오는 서비스 사업으로의 확장이 불가피하다.

또한, 시가총액이 1위에도 도달했던 상황에서 현재의 높은 주가를 정당화하려면 절대적인 매출의 증가가 불가피하다. 어닝 서프라이즈를 기록한 2024년 1분기 매출이 1년 가까이 지속된다면 1,000억 달러가 된다. 이 이상의 매출을 늘리려면 서비스 사업으로의 확장과 M&A는 필수 절차일 것이다.

엔비디아의 AI 반도체 변천사

엔비디아에 대한 기사를 읽다 보면 기존에 개발한 무수한 제품들부터 새롭게 양산 예정인 제품들까지 복잡한 코드명 때문에 이들 제품을 이해하는 것이 쉽지 않다. 사실 이는 새로운 기술을 계속 개발해야 하는 반도체 회사들의 공통적인 특징이기도 하다. 그래서 여기서는 엔비디아의 가장 핵심인 데이터센터용 GPU, 즉 AI 가속기의 발전사를 간단히 살펴보도록 하겠다.

2012년 알렉스넷 팀이 '이미지넷' 대회에서 우승할 때 사용했던 GPU는 엔비디아의 PC용 그래픽 GPU인 '지포스'였다. 지금도 AI 학습이나 추론에 지포스를 사용할 수 있기는 하다. 하지만 2016년 파스칼 아키텍처 GPU와 이를 바탕으로 서버컴퓨터 DGX-1을 만들면서부터 엔비디아는 본격적으로 AI 학습만을 위한 전용 반도체를 설계하기 시작한다.

엔비디아는 해당 세대 GPU의 이름을 '파스칼', '볼타', '블랙웰'과 같이 유명한 과학자들의 이름을 따서 짓는다. 그리고 이 설계를 바탕으로 만들어지는 제품명은 각 과학자들의 이름 알파벳 첫 글자를 따서 사용한다. 100은 상대적으로 낮은 성능, 200은 고성능의 GPU를 뜻한다.

파스칼Pascal : P100

2016년에 출시된 파스칼은 이전 세대인 맥스웰Maxwell에 비해 72억 개의 트랜지스터와 더 많은 CUDA 코어를 탑재했다. CUDA 코어로 병렬 컴퓨팅이 가능해지고 그 덕분에 GPU가 여러 작업을 동시에 실행할 수 있게 되면서 엔비디아는 회사의 주력 사업을 게임에서 AI 분야로 전환할 수 있었다. CUDA 코어는 수천 개의 코어에 컴퓨팅을 분산하여 대규모 신경망을 훈련하고 기하급수적인 속도로 대량의 데이터를 처리할 수 있다. 세대가 거듭될 때마다 CUDA 코어가 증가해 가능한 워크로드를 가속화하는 데 도움이 된다.

파스칼은 TSMC의 16nm 공정과 삼성의 14nm FinFET 공정을 기반으로 제작되었고, 애플리케이션을 위해 여러 GPU의 성능을 확장시킬 수 있는 NV링크 양방향 인터커넥트를 갖추고 있다. 파스칼 제품군이 AI 가속기의 성능을 크게 높여준 중요한 요소 중 하나는 바로 HBM의 도입이다. 엔비디아는 파스칼 아키텍처에서부터 처음으로 HBM2를 도입했고, HBM과 GPU를 효과적으로 연결시키기 위해 TSMC의 CoWoS 패키징이 사용되었다.

볼타Volta : V100

2017년에 출시된 볼타는 최대 여덟 개의 GPU를 연결한 역사상 최초의 AI 가속기로서, 대규모 학습을 위해 설계됐다. 크게 주목할 사항은 볼타에 AI, 머신러닝 및 딥러닝을 위한 텐서 코어Tensor Core가 도입됐다는 것이다. 텐서 코어는 텐서 및 행렬 연산을 처리해 신경망의 성능을 향상시키고 혼합 정밀도 계산을 가능하게 해준다. 예를 들어 32비트 부동 소수점 Floating Point®에서 16비트 부동 소수점으로 전환시켜서 더 적은 메모리로,

데이터 전송 작업 속도를 빠르게 할 수 있는 것이다. 결과적으로 AI 학습 속도가 크게 향상될 수 있다.

엔비디아는 이 텐서 코어를 통해 수천 개의 코어에 작업을 분산하는 CUDA 코어의 병렬 프로세스 및 범용 컴퓨팅의 장점과 텐서 코어의 행렬 계산에서 제공하는 특수 가속을 결합했다. NV링크 또한 이번 세대에서 2.0으로 업그레이드됐다. 볼타는 32기가바이트의 HBM2, 900기가바이트의 대역폭, 210억 개의 트랜지스터를 갖추고 있으며, TSMC 12nm FinFET 공정을 기반으로 제작되었다.

V100은 2020년에 공개된 마이크로소프트 슈퍼컴퓨터에 사용됐으며 1만 개의 V100 GPU가 탑재됐다. 이 슈퍼컴퓨터는 오픈AI의 GPT-2와 GPT-3를 학습시키는 데도 사용된 것으로 알려져 있다.

암페어^{Ampere} : A100

2020년에 출시된 암페어 아키텍처로 만들어진 A100은 2020년 11월 슈퍼컴퓨터 행사인 SC20에서 공개됐다. 이때부터 본격적으로 AI 가속기 실적이 올라가면서 엔비디아의 전체 매출에서 데이터센터의 비중이 빠르게 커지게 된다.

A100은 멀티 인스턴스 GPU^{Multi-Instance GPU}로, 하나의 GPU를 최대 일곱 개의 GPU로 묶어서 사용할 수 있다. 고성능 컴퓨팅이 필요한 다양한 작업을 효율적으로 수행할 수 있도록 지원하고, 클라우드 환경에서의 유연성과 확장성을 제공한다. A100의 가장 큰 특징은 과거 AI 학습에만 주로 사용했던 것과 달리 학습과 추론을 하나의 칩에 통합했다는 점이다. 이로써 A100은 20배 높은 성능 향상을 보여주었다.

이때부터 엔비디아는 단순히 반도체 GPU를 만드는 것이 아니라 서버컴퓨터와 이를 연결하는 네트워크까지 만드는 데이터센터 기업으로 본격 변신하게 된다. 엔비디아는 2019년 NV링크를 만드는 멜라녹스를 인수해 이를 수직계열화로 통합한다.

오픈AI의 챗GPT가 A100을 수만 개 사용해 학습된 것으로 알려져 있다. 또한, 네이버가 세종시에 만든 데이터센터 '각 세종GAK SEJONG'에 있는 슈퍼컴퓨터 '세종'에는 A100 GPU가 2,240개 탑재된 것으로 알려져 있다.

호퍼Hopper : H100, H200

2022년 공개된 호퍼 아키텍처의 H100은 A100보다 성능이 세 배 뛰어나다. A100은 기본적으로 부동 소수점 여덟 자리를 뜻하는 FP8 컴퓨팅을 지원하지 않는다. 하지만 H100부터는 필요에 따라 FP8과 FP16 사이를 전환할 수 있다.

H100은 NV링크를 활용하여 여덟 개의 H100을 하나의 거대한 GPU로 연결해 640억 개의 트랜지스터, 32페타플롭, 640기가바이트의 HBM3, 초당 24테라바이트의 메모리 대역폭을 제공할 수 있다.

H100은 무엇보다도 트랜스포머 모델을 기반으로 하는 생성형 AI를 학습하고 추론을 하는 데 최고의 성능을 제공한다. 오픈AI나 구글 같은 기업들과의 협업으로 엔비디아는 생성형 AI의 빠른 발전 속도를 일찌감치 인지했고, 이에 대응하기 위해 H100을 개발하고 있었다. 2022년 11월 챗GPT가 단시간에 사용자 1억 명에 도달하면서 H100은 2023년부터 본격적인 품귀 현상을 겪게 된다.

H100에는 처음으로 HBM3가 탑재되었고, H200에는 후속 제품인 HBM3E가 탑재됐다. 삼성전자는 A100에 탑재되는 HBM2까지는 엔비디아에 제품을 공급했지만 H100 이후부터는 공급을 하지 못하고 있다.

호퍼 아키텍처는 엔비디아가 자체 설계한 데이터센터용 CPU인 그레이스와 짝을 이뤄서 개발된 첫 제품이다. 엔비디아는 호퍼 아키텍처부터 고객들에게 그레이스 CPU와 함께 구매하는 것을 추천하면서 인텔로부터의 독립을 추진하고 있다.

블랙웰Blackwell : B100, B200

2024년 3월 GTC에서 공개된 블랙웰 아키텍처는 현재 엔비디아가 스펙을 공개한 가장 최신의 AI 가속기로, 빠르면 2024년 말부터 고객들에게 인도될 예정이다. 엔비디아에 따르면 블랙웰은 10억 개에서 1조 개 이상의 매개변수 모델의 학습을 빠르게 할 수 있으며, 특히 B200은 기존 H100 대비 2.5배 향상된 훈련 성능과 다섯 배 향상된 추론 성능을 제공한다고 한다. 또한 정확도를 유지하면서 메모리가 지원할 수 있는 모델의

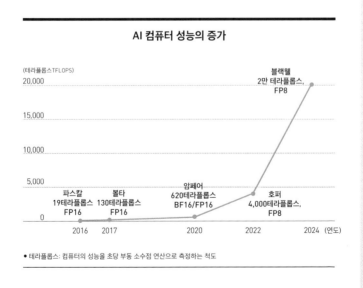

AI 컴퓨터 성능의 증가

(테라플롭스TFLOPS)

블랙웰
2만 테라플롭스,
FP8

파스칼
19테라플롭스
FP16

볼타
130테라플롭스
FP16

암페어
620테라플롭스
BF16/FP16

호퍼
4,000테라플롭스,
FP8

● 테라플롭스: 컴퓨터의 성능을 초당 부동 소수점 연산으로 측정하는 척도

성능과 크기를 두 배로 늘리는 것을 목표로 4비트 부동 소수점^{FP4}을 지원한다.

엔비디아는 GTC에서 기존까지 각각 별도로 판매했던 GPU, CPU, 인피니밴드, NV링크를 블랙웰 아키텍처부터 하나로 합쳐 패키징한 GB200 NVL72라는 서버컴퓨터를 공개하기도 했다. 이미 AI 데이터센터를 위한 수직계열화가 완성되었기 때문이다.

2016년 파스칼부터 2024년 블랙웰까지 엔비디아의 AI 가속기는 AI 컴퓨팅 성능을 1,000배 증가시키고, 토큰당 에너지를 4만 5,000배 절감했다.

● 엔비디아 반도체의 성능을 표현하는 중요한 기준이 되는 것이 부동 소수점이다. 부동 소수점은 사실 GPU의 성능을 나타내는 수치가 아니라 컴퓨터에서 숫자를 표시하는 한 가지 방법이다. 우리가 실생활에서 표현하는 숫자(실수)는 정수부와 소수부로 나눠져 있다. 예를 들어 12.375와 같은 것이다. 정수는 12, 소수는 375다. 이를 다르게 표현하면 $1.2375×10^1$으로 표현하기도 한다. 여기서 1.2375는 가수(假數), 10의 1승의 1이 지수(指數)가 된다.
그런데 컴퓨터는 세상을 0과 1로 구성된 2진법으로 이해하기 때문에 12.375를 컴퓨터에게 이해시키려면 2진법으로 숫자를 바꾼 후 이를 정해진 규칙에 맞춰 표현해야 한다. 이때 부호에 1자리, 지수에 8자리, 가수에 23자리를 배정하게 되면 총 32비트가 되기 때문에 부동 소수점이 32인, FP32라고 부른다. 이를 확대해 부호에 1자리, 지수에 11자리, 가수부에 52자리를 배치하면 총 64비트가 사용되며 FP64라고 부르게 된다. 당연히 비트의 크기가 큰 FP64를 계산하는 데 시간이 더 걸린다. 하지만 FP64는 FP32보다 더 정밀한 값을 저장할 수 있다.
그런데 딥러닝에서는 F16을 사용해 지수부 5자리, 가수부 10자리를 사용하는 경우가 많다. 부동 소수점 16자리로 계산해도 AI의 성능이 떨어지지 않는다고 생각하기 때문이다. 심지어 8자리까지 떨어지는 FP8을 사용하기도 한다.

nVIDIA WAY

PART 4

초심을 잃지 않는
엔비디아의 기업 문화

"나는 정보를 가진 자가
권력을 갖는 기업문화를 신뢰하지 않는다."

젠슨 황

미래를
만드는 기업의
미래지향적
사옥

엔비디아의 본사는 미국 캘리포니아주 실리콘밸리 산타클라라에 위치해 있다. 미국의 행정 구역은 우리나라의 도^都에 가까운 '카운티'로, 많은 실리콘밸리 빅테크 기업들이 이 산타클라라 카운티에 본사를 두고 있다. 산타클라라 카운티에서 가장 큰 도시가 새너제이고, 그 옆에 산타클라라라는 카운티와 같은 이름의 도시가 있다. 그리고 바로 이곳에 엔비디아의 사옥이 있다.

엔비디아의 본사는 엔데버^{Endeavor}와 보이저^{Voyager}라고 하는 두 개의 건물로 구성되어 있다. 두 개의 사옥이 지어지기 전에 사용되던 건물들도 여전히 엔비디아에서 사용 중이다. 엔비디아는

그림 4-1 ㅣ 엔비디아 본사 엔데버와 보이저 빌딩

출처: 엔비디아

회사가 커지면서 별도 사옥 건설의 필요성을 느꼈고, 2015년부터 엔데버를 짓기 시작해 2017년 완공했다. 엔데버라는 이름은 유명한 SF 드라마 〈스타트렉Star Trek〉에서 가져왔다. 노력, 추구라는 의미를 가진 엔데버는 NASA에서 제작한 여섯 번째이자 마지막 우주왕복선의 이름이기도 하다.

처음 건물 이름에 N이 들어가자, 다음 건물은 엔비디아NVIDIA의 알파벳 순서를 가져와 이름을 짓자는 아이디어가 나왔다. 그래서 V로 시작하는 단어를 찾게 되었고, 자연스럽게 〈스타트렉〉의 또 다른 우주선 이름인 '보이저'가 선택되었다. 보이저는 1977년 NASA에서 우주로 보낸 태양계 탐사선의 이름이기도 하다. 엔비디아는 최근 인도 벵갈루루에 큰 오피스 빌딩을 지었는데, 이곳의 이름은 디스커버리Discovery다. 역시 엔비디아를 구성하는 알파벳에서 가져온 이름이며, 〈스타트렉〉에 등장하는 우주선의 이름이다. 이들은 사옥명뿐만 아니라 내부 회의실 이름도 SF 소설을 테마로 지었다고 한다.

현재 그들 자신이 새로운 세상이 오는 데 없어선 안 될 핵심적인 존재라는, 원대한 비전과 자신감을 드러내주는 이름이 아닐 수 없다.

소통의 철학이 녹아든 사옥

엔데버와 보이저는 엔비디아가 직접 설계하고 만든 사옥이다. 실리콘밸리에 본사를 둔 많은 테크 기업들이 그렇듯이 젠슨 황도 사옥을 통해 자신들의 기업문화와 철학, 조직의 지향점을 담고자 했다. 바로 협업과 소통이다.

엔데버는 거북이 등껍질 같은 형태의 외부 공간에 사무실들이 모여 있고, 중앙에 공용 업무 공간이 놓여져 있다. 폐쇄적인 빌딩이 아니라 개방적인 공간에서 일하는 느낌을 주기 위해서다. 실제로 엔데버에 들어오면 거대한 서커스 텐트나 공연장 안에 들어와 있다는 느낌을 받는다. 건물에서 가장 눈에 띄는 부분은 창문도 바닥 타일도 모두 삼각형이라는 점이다. 이는 개방된 공간에서 생길 수 있는 소음 문제를 해결하기 위해 고안된 디자인이기도 하지만 그보다는 엔비디아의 기틀인 3D 그래픽의 기본 단위인 '폴리곤'이 삼각형 모양을 하고 있어서 이를 사옥 전체에 구현한 측면이 더 크다. AI 붐을 타고 시총 1위 회사로 급성장하기 전, 지금의 엔비디아를 있게 한 회사의 '토대'를 잊지 않기 위함으로 풀이된다.

두 번째 건물인 보이저는 엔데버에서 나온 피드백을 반영해서 만들어졌다. 오피스 공간을 외부에 배치하는 구조가 연구자들에게는 오히려 불편하다는 지적도 있었고, 삼각형 디자인에 적응하기 어렵다는 지적도 있었기 때문이다. 그래서 보이저는 엔데버보다는 사각형 디자인이 더 많고, 건물 중간에 '마운틴 Mountain'이라는 이름의 3층 빌딩도 만들었다. 계단을 통해 올라가다 보면 정말 작은 동산 위에 올라가는 듯한 느낌을 받는다.

보이저는 엔비디아의 디지털 트윈 기술을 동원해 엔데버에서 문제가 되었던 소음과 채광 등 미흡했던 점을 개선했다고 한다. 사옥 설계에도 자사 기술을 활용한 것이다. 마운틴 안에는 주요 연구소들이 위치해 있고, 엔데버와 달리 폐쇄적인 연구가 가능하다. 그래서 엔데버에는 주로 재무, 경영 등 스태프 조직이 모여 있고, 보이저에는 반도체 및 소프트웨어 연구자들이 모여 있다.

마운틴의 중턱에는 작은 무대가 있어서 필요에 따라 본사 직원들이 모두 모이는 타운홀 미팅이 가능하다. 엔비디아의 전체 직원은 2024년 기준 전 세계에 3만 명 정도이며, 이 중 1만 명 정도가 실리콘밸리 지역에서 일하는 것으로 추정된다.

그림 4-2 | 엔비디아 보이저 빌딩의 마운틴에서 내려다본 전경

출처: 엔비디아

두 건물의 공통점은 사람들과의 우연한 만남을 의도적으로 많이 만든다는 것이다. 이동하다 보면 다른 부서 직원들과 마주칠 수밖에 없도록 공간을 배치했다. 또한 일부러 엘리베이터를 구석에 배치해 사람들이 계단을 통해서 다니도록 만들었다. 걸어서 다니다 보면 다른 직원들과 마주칠 가능성이 높기 때문이다. 두 건물 사이의 이동은 최대한 신속하게 이뤄지도록 설계했는데, 구름다리로 3분 정도면 걸어서 다른 건물로 갈 수 있다.

이처럼 사람들끼리 만나서 협업하기 위한 오피스 공간을 만들어놓았지만, 엔비디아는 사무실 근무를 강제하지 않는다. 많은 실리콘밸리 기업들이 주 2~3회의 사무실 출근을 강제하는 것과 달리, 엔비디아는 아직 그렇게 하고 있지는 않다. 원한다면

한 주 내내 재택근무도 가능한 시스템이다. CEO 입장에서 보면 직원 관리가 과연 잘 될까 싶지만 도리어 젠슨 황은 "만약 직접 만나서 일하는 게 더 효율적이라면 직원들이 시키지 않아도 알아서 출근할 것"이라며 전혀 문제가 되지 않는다고 말했다. 이런 일이 가능한 이유는 사옥의 외관만큼이나 독특한 그들의 기업 문화가 뒷받침되고 있기 때문이다.

동아시아와 실리콘밸리의 유연한 결합

실리콘밸리는 전 세계에서 가장 앞선 기업문화를 가지고 있다. 자율에 기반해 직원들에게 동기를 부여하고, 도전을 장려하며 실패해도 책임을 묻지 않는 문화가 스타트업부터 빅테크까지 골고루 퍼져 있다.

엔비디아는 그런 실리콘밸리에서도 가장 독특한 기업문화를 가진 조직으로 손꼽힌다. 젠슨 황은 "엔비디아에서는 모든 이에게 정보가 평등하다"는 말로 이를 설명한다. 보통의 기업에서는 지위가 높아질수록 고급 정보를 가지게 되고, 이 정보가 곧 권력으로 작동한다. 하지만 엔비디아에서는 매니저든 팀원이든 해당 프로젝트에 참여하고 있으면 모든 정보를 동등하게 알 수 있다. 그래서 1:1 회의를 하지 않으려고 한다. 대신 팀에 속한 모든 사람이 모이는 회의를 선호한다.

엔비디아에서 일하는 한 한국인 엔지니어는 "이렇게 정보가 평등하다 보니 이것을 회사에서 정치에 활용할 수가 없다. 그래서 아래 직원에 대한 매니저의 권한이 크지 않다"고 설명했다. 팀은 철저하게 프로젝트 중심으로 구성되며, 직원들은 자신이 원하는 프로젝트에 지원해서 참여할 수 있다. 자신이 원하는 일을 하므로 당연히 만족도도 높은 편이다.

조직이 프로젝트 단위로 움직이면 팀장이 팀원을 영입하는 것이 중요한데, 그러다 보니 일을 떠맡기거나 상대를 공격하기보다는 도와주는 매니저가 인기가 많고, 그런 팀장이 자연스레 팀원을 영입하기가 쉽다. 모든 팀이 이런 식으로 구성된 까닭에 조직 전체에 우호적인 분위기가 형성되어 있다.

엔비디아는 2024년 《포춘》이 뽑은 '일하기 좋은 직장 100곳' 중 3위에 올랐다. 직원의 97%가 엔비디아에서 일하는 것이 자랑스럽다고 답했다. 또한 2023년 10월 블라인드가 공개한 직원들의 CEO에 대한 선호도 조사에서 1위(96%)를 차지했다. 2위인 월마트의 더그 맥밀런^{Doug McMillon} CEO와는 8%포인트나 차이가 난다.

스타트업의 민첩함을
잃지 않은 시총 1위의 공룡

반도체 기업 사상 최초로 시총 3조 달러를 찍어 '3조 달러의 사나이'로까지 불리는 젠슨 황이지만 그는 언제나 트레이드 마크인 검은색 가죽 자켓을 입고 다니며 직원들을 비롯해 사람들과 격의 없이 소통하는 것으로 유명하다.

그중에서도 가장 유명한 것이 '탑5 우선순위Top 5 Things'라고 부르는 제도다. 엔비디아에서는 직원 누구나 CEO인 젠슨 황에게 직접 메일을 보내서 회사의 의사결정과 관련해 자신이 하고 싶은 이야기를 전할 수 있다. 어떤 직원이든 자신이 가장 중요하다고 생각하는 다섯 가지를 젠슨 황에게 메일로 보내면, 반드시 읽고 답변을 해준다. 그는 매일 아침 100개의 '탑5 우선순위'를 읽는 것으로 알려져 있다.

그의 이런 격의 없는 모습은 기자들을 만나는 자리에서도 드러난다. 필자가 참석한 GTC 2024에서 젠슨 황은 혼자 두 시간 동안 전 세계 기자들의 질문을 받았다. 이것을 2024년 한 해가 아닌 매년 해오고 있다. 매년 참석한 기자의 이름을 기억하고 불러주기도 했다. 기자회견이 끝나고 나서는 요청하는 기자들 모두와 함께 사진을 찍어주고 사인을 해주기도 했다. 필자가 실리콘밸리에서 만난 그 어떤 CEO보다도 기자들에게 친절하고 솔직했다.

또한 그는 장기 계획을 세우지 않는다. 직원들이 자신이 하고 싶어 하는 일을 하는 것이 중요한데, 경직된 장기 계획이 때로는 변화와 혁신에 제약이 될 수 있다고 생각해서다. 그는 "우리는 정기적인 연간 계획을 짜지 않는다. 그 이유는 세상은 살아 숨 쉬는 존재이기 때문이다. 5년 계획도 1년 계획도 없고, 그저 현재 하고 있는 일에 대해서만 계획할 뿐이다"라고 말한 바 있다.

대신 젠슨 황은 끊임없이 변화하는 산업과 시장 상황에 따라 유연하게 전략을 재평가하는 방식을 취한다. 일례로 매출 확대를 위해 시작했던 모바일용 반도체 테그라 사업은 시장이 커머

그림 4-4 | 직접 화이트보드에 그리면서 회의를 하는 젠슨 황의 모습

디티화^{commodity}(경쟁이 치열해지면서 가격만으로 경쟁하게 되는 것)
되자 사업을 접었다. 수평적이면서도 팀을 작고 빠르며 효율적
으로 가져가는 것이 혁신에 중요하다고 생각하는 것이다.

이런 속도에 대한 젠슨 황의 집착은 임원 회의에서도 나온다.
그는 직접 화이트보드에 그림을 그려가면서 회의하는 것을 선호
하는데, 그럴 때마다 회의에 참여한 임원은 필요한 숫자와 디테
일을 바로바로 그에게 말해줘야 한다. 부하직원에게 물어보거나
다음에 답하겠다고 하는 것은 용납되지 않는다. 젠슨 황은 하루
에도 수백 통의 이메일을 직원들에게 직접 보낼 만큼 열성적으

로 일하는데, 이메일의 회신이 늦는 것을 무척 싫어한다는 후문이다.

혹자는 실리콘밸리의 문화와 동아시아 기업의 문화를 가장 잘 결합한 곳이 엔비디아라고 말하기도 한다. 수평적인 기업문화와 수평적인 정보 교류, 솔직함과 자율성은 대표적인 실리콘밸리 스타일의 기업문화다. 반면 사람을 쉽게 해고하지 않고, 장기근속 하는 것은 동아시아 기업의 전형적인 스타일이다.

엔비디아가 실리콘밸리식의 대규모 정리해고를 감행한 것은 2008년 금융위기 당시가 유일했다(당시 글로벌 직원의 6.5%인 350명을 해고했다). 이직과 정리해고가 잦은 실리콘밸리에서 엔비디아는 고용 안정성이 가장 튼튼한 기업으로 손꼽힌다. 심지어 직원들도 이직하기보다는 엔비디아에 남는 것을 선호한다. 이는 실리콘밸리뿐 아니라 엔비디아의 한국 지사도 마찬가지여서 10년 넘게 일한 직원이 수두룩하다고 한다. 물론 엔비디아의 주가가 계속 상승하면서 직원들에게 후한 보상이 있었던 것도 영향이 있지만 그만큼 합리적인 조직문화를 갖고 있다는 반증이라고 할 수 있다. 이 같은 조직문화는 엔비디아가 시가총액 1위의 기업으로 성장할 수 있었던 원동력이 됐다. 창업자이자 CEO인 젠슨 황의 비전과 능력도 중요했지만 엔지니어들이 자발적으로 자신의 창의력을 발휘한 부분도 상당했던 것이다.

젠슨 황이 일본 교토에서 자신이 경험한 일을 들려주며 커리어에 대한 이야기를 한 적이 있었다. 그는 교토의 한 정원에서 노인이 일을 하고 있는 것을 발견했다. 노인은 뜨거운 여름 땡볕 아래서 작은 대나무 집게로 죽은 이끼를 하나하나 골라내고 있었다. 젠슨 황이 그에게 "어떻게 이런 작은 도구로 이 넓은 정원을 관리하느냐"고 묻자 노인은 "나에게는 시간이 많다"고 답했다고 한다.

젠슨 황은 이 노인의 사례가 자신이 해줄 수 있는 최고의 커리어 조언이라고 하면서 '자신이 잘할 수 있는 것을 찾고, 거기서 최선을 다하는 것'이 중요하다고 말했다. 그의 말처럼 직원이 회사에서 자신이 가장 잘할 수 있는 것을 찾고, 열정을 가지고 거기에 몰두하게 만드는 것이 엔비디아가 지닌 특별한 힘이다.

고통의 축복과 회복탄력성

젠슨 황이 전 세계 테크 업계의 아이돌로 떠오르면서 '젠새너티 Jensanity'라는 말이 등장했다. 그의 이름인 'Jensen'과 광기를 뜻하는 단어 'Insanity'를 합친 단어다. 망할 날이 30일밖에 남지 않았던 스타트업을 30년 동안 이끌며 실패와 성공을 맛보고, 온갖 고난과 우여곡절을 겪다가 결국 전 세계에서 가장 가치 있는 기업의 자리에 올려놓은 그의 인생사를 떠올려보면 새삼 광기라는 말이 그다지 과한 표현은 아니라는 생각이 든다. 그는 어떤 인생관과 사업 철학을 가지고 있을까? 무엇이 지금의 그를 만드는 데 가장 큰 힘이 됐을까?

그의 인생관을 한마디로 하자면 '나를 죽이지 못하는 것은 나를 강하게 만들 뿐'으로 요약할 수 있다. 이는 독일의 철학자 프리드리히 니체가 한 말이다. 젠슨 황은 스탠퍼드 대학에서 진행한 한 강연에서 이렇게 말한 바 있다.

"위대함은 지능이 아닌 캐릭터에서 나온다. 그리고 그 캐릭터는 똑똑한 사람이 가질 수 있는 것이 아닌 고통을 겪은 사람만이 가질 수 있는 것이다. 나의 가장 큰 강점은 기대치가 매우 낮았다는 것이다. 스탠퍼드 졸업생인 여러분은 기대치가 매우 높을 것이다. 그러나 스스로에 대한 기대치가 높은 사람은 회복탄력성이 낮다. 성공에 있어서 가장 중요한 것은 이 회복탄력성인데 말이다. 그래서 나는 앞으로 여러분이 많은 고통을 경험하기를 바란다."

이런 그의 사고는 다분히 동양적이다. 무협 소설의 주인공이 많은 고초와 어려움을 겪은 끝에 결국 고수로 거듭나는 것처럼 젠슨 황은 고통이 성장을 위해 반드시 필요한 요소라고 생각한다.

그의 철학에 따르면, 성공을 하기 위해서는 좌절에서 딛고 일어나는 회복탄력성이 가장 중요하다. 하지만 이를 기르기 위해서는 실제로 많은 좌절과 고통을 경험해야 한다. 다시 말해 성공하고자 하는 기업가에게는 고통이 오히려 축복이라는 얘기다. 이러한 사고는 창업 후 회사가 파산 직전까지 가는 경험을 수도 없이 하고, 막강한 도전자들의 전략에 무너질 뻔했으며, 그럼에도 불구하고 끝까지 살아남기 위해 고군분투했던 그의 경험과도 깊게 맞닿아 있다.

좌절을 극복하고
기회를 보는 자만이 얻을 수 있는 성취

2024년 6월, 젠슨 황은 캘리포니아 공대^{Caltech} 졸업식에 초청을 받았다. 그곳에서 역시 그는 좌절을 이겨내는 가장 좋은 방법은 이를 '떨쳐내는 것^{shake it off}'이라고 이야기했다.

"나는 여러분이 좌절을 새로운 기회로 바라보기를 바란다. 고통과 아픔은 여러분의 캐릭터와 회복탄력성, 민첩성을 강화할 것이며, 이는 궁극의 초능력^{superpower}이 될 것이다. 내가 가장 소중하게 여기는 능력 중 지능은 그 목록의 최상위에 있지 않다. 고통과 고통을 견디는 능력, 아주 오랜 시간 동안 무언가를 할 수 있는 능력, 좌절을 극복하고 곧 다가올 기회를 보는 능력이 나의 초능력이라고 생각하며, 여러분의 초능력도 그러했으면 좋겠다."

그러나 인생이 고통뿐이라면 사람은 지칠 수밖에 없을 것이

그림 4-5 | 젠슨 황이 칼텍 졸업식에서 축사를 하는 모습

출처: 엔비디아

다. 고통과 좌절에도 불구하고 결국 찾아오는 성공이 삶을 의미 있게 만들어준다. 그는 미국의 테크 전문지인 《와이어드》와의 인터뷰에서 기자와 이런 대화를 했다.

Q │ 다른 팟캐스트에서 다시 서른 살로 돌아간다면 절대 창업을 하지 않겠다고 말했는데요, 무슨 뜻인 거죠?

A │ 지금 내가 알고 있는 모든 걸 그때 알았더라면 너무 겁이 나서 하지 못했을 거란 얘기죠. 너무 두렵기에 창업을 하지 않았을 겁니다.

Q │ 결국 회사를 창업하려면 어느 정도 망상이 있어야 한다는 뜻인가요?

A │ 그게 바로 무지의 장점이죠. 얼마나 힘들지 모르고, 얼마나 많은

고통과 고난이 수반되는지 모르기 때문에 창업할 수 있는 것입니다.

Q │ 엔비디아를 운영하면서 가장 큰 희생을 감수해야 했던 부분은 무엇이었나요?

A │ 다른 기업가들이 희생하는 것과 마찬가지입니다. 회사를 이끌어가려면 정말, 정말, 열심히 일해야 하죠. 오랫동안 아무도 내가 성공할 거라고 생각하지 않았습니다. 성공할 거라고 믿은 사람은 오직 저 스스로뿐이었죠. CEO는 불안감, 취약성, 때로는 굴욕감 등 모든 것을 오롯이 감내해야 합니다. 아무도 나서서 말하지 않지만 모두 사실이에요. CEO와 기업가도 사람인지라, 공개적으로 실패하면 크게 좌절할 수밖에 없죠. 누군가 '젠슨, 지금 가진 모든 것들을 가지고 가면 그때도 이 사업을 시작하지 않았을까요?'라고 묻는다면 이렇게 대답할 수 있습니다. '아니요, 아니요, 당연히 안 했겠죠.' 하지만 '그때 지금의 엔비디아가 될 줄 알았다면 회사를 시작했을까요?'라고 묻는다면 저는 모든 것을 희생하더라도 창업을 했을 겁니다.

창업의 과정은 고통스럽다. 고독하고 치욕스러운 순간도 많다. 하지만 결국 성공이라는 결실을 맺을 수만 있다면 그런 고통은 의미가 있다고 결과를 중요하게 여기는 젠슨 황은 생각하는 것이다. 과정이 아무리 중요하다고 해도 결국 '승리'해야만 의미가 있다. 그의 이런 인생 철학은 어떻게 보면 동양적인 '꼰대'의 사고방식처럼 보인다. 고통을 이겨내고, 지루함을 버텨내야만 성공할 수 있다는 그의 철학은 한국은 물론 미국의 젊은층의 공감을 받기 어려울 수 있다.

하지만 리더가 가지고 있는 이런 인고의 철학과 엔비디아의 수평적인 기업문화가 만나면서 엔비디아는 최고의 조직문화를 만들었다고 볼 수도 있다. 앞서 밝힌 대로 동아시아 기업문화의 장점과 실리콘밸리의 기업문화의 장점이 결합되면서 지금의 엔비디아가 만들어진 것이기 때문이다.

AI 혁신의 최전선을 이끄는 사람들

엔비디아라는 조직은 젠슨 황이 '원톱'으로 이끌어가는 조직이라고 해도 과언이 아니다. 그는 CEO이면서도 회사의 모든 세부 사항을 다 알고 꼼꼼하게 챙기는 것으로 무척 유명하다. 젠슨 황에게 직접 보고하는 임원도 50명에 달할 정도로 많다. 일반적인 기업에서 CEO에게 보고하는 임원의 숫자가 10명에서 많아도 20명 정도인 걸 생각해보면 두 배가 넘는 수치다. 또한 상장사임에도 불구하고 창업자가 여전히 CEO로 남아 있는 회사는 실리콘밸리에서 매우 드문 편이다.

상황이 이렇다 보니 젠슨 황 말고는 엔비디아 임원들이 직접 모습을 드러내는 경우는 많지 않다. 그러나 엔비디아가 전 세계에서 가장 가치 있는 기업이 되고 엔비디아와 협업하고자 하는 기업들이 줄을 서면서 각 임원들의 역할과 중요성도 커졌다. SK하이닉스, 삼성전자, 마이크론 중 어느 회사의 HBM을 사용할지, TSMC와 삼성전자 파운드리에서 어떤 제품을 생산할지, 최신 엔비디아 GPU를 어느 기업에 먼저 배정할지와 같은 문제는 결국 임원들의 손에 달렸기 때문이다. 그런 의미에서 엔비디아의 주요 임원과 연구자들에 대해서 살펴볼 필요가 있다. 과거부터 꽤 많은 사람들이 엔비디아의 가능성을 보고 합류했고, 현재도 그 자리를 지키고 있다.

엔비디아의 영광을 만든 주요 인물들

엔비디아의 성공이 데이터센터 사업에 진출한 이후와 이전으로 나뉘듯이 임원들도 기존 게임용 GPU 시장을 만든 주역과 데이터센터용 GPU 시장을 개척한 주역들로 나눠볼 수 있다. 크리스 말라초스키 같은 엔비디아 공동 창업자와 제프 피셔 지포스 담당 SVP가 대표적으로 전자에 속한다. 후자로는 이언 벅 부사장과 마이클 케이건 CTO와 케빈 디어링 SVP가 대표적이다. 이언 벅 부사장은 CUDA를 만든 사람으로, 현재 엔비디아의 가장 핵심 사업 부문인 가속컴퓨팅 부문을 담당한다. 또한 멜라녹스 출신의 임원들은 슈퍼컴퓨터와 데이터센터 산업에 오랫동안 몸담으면서 엔비디아가 데이터센터 기업으로 변화하는 데 큰 기여를 했다.

엔비디아는 반도체 칩부터 서버컴퓨터, 네트워크 케이블까지 수직계열화를 강화하는 방향으로 가고 있으며 여기에 멜라녹스 출신의 임원들이 중요한 역할을 맡고 있다. 이런 수직계열화는 엔비디아가 높은 영업이익률을 유지하는 비결이기도 하다.

아래는 엔비디아의 주요 임원과 연구자들이다.

- 크리스 말라초스키: 젠슨 황과 함께 엔비디아를 창업했다. 오랫동안 기술 분야의 임원으로 일했고 지금은 선임 연구자(펠로우)로 일하고 있다.
- 마이클 케이건Michael Kagan: 최고 기술 책임자CTO로, 엔비디아가 이스라엘 기업 멜라녹스를 인수하면서 합류했다. 이스라엘 출신으로 인텔 이스라엘 지사에서 반도체 엔지니어로 일했다. 인텔 출신 엔지니어들과 멜라녹스라는 네트워크 케이블 회사를 설립해서 성공을 거뒀었다.
- 제이 푸리Jay Puri: 직책은 월드와이드 필드 오퍼레이션, 일반적인 기업으로 따지면 마케팅과 영업 총괄이다. 엔비디아의 창업자 중 두 사람이 일했던 선마이크로시스템스에서도 영업과 마케팅을 담당했고, 2005년 엔비디아로 옮겨온 후

에도 동일한 업무를 맡아 일하고 있다.

- 데보라 쇼키스트^{Debora Shoquist}: 운영 총괄로 엔비디아의 제조와 공급망을 관리한다. 2007년 엔비디아 입사 이후 해당 업무를 오랫동안 맡아왔고, 기존에 일했던 휴렛팩커드, 퀀텀 등 다른 테크 기업에서도 관련 업무를 담당했다. 엔비디아는 제조 시설이 없는 만큼 파운드리를 관리하고, 주요 납품업체들을 관리하는 역할을 한다. 엔비디아에 납품하기 위해 전 세계에 수많은 기업들이 줄을 선 지금, 가장 큰 힘을 가진 임원이라고 할 수 있다.

- 브라이언 켈러허^{Brian Kelleher}: 하드웨어 엔지니어링 총괄이다. 마이클 케이건 CTO 아래에 있으며 엔비디아에서 가장 중요한 엔지니어 직책 중 하나다. 2000년 엔비디아가 강력한 경쟁사였던 3dfx를 인수할 때 합류했고, 2005년부터 하드웨어 엔지니어링 총괄을 맡고 있다.

- 드와이트 디어크스^{Dwight Diercks}: 소프트웨어 엔지니어링 담당 SVP^{Senior Vice President}다. 엔비디아 설립 초창기인 1994년에 합류해 30년 이상을 일했고, 2008년부터 SVP를 맡고 있다. 엔비디아는 하드웨어 중심 기업이지만 이를 뒷받침하는 소프트웨어 조직도 매우 크다. 대략 전체 엔지니어의 절반 이상은 소프트웨어 엔지니어인 것으로 알려져 있다.

- 케빈 디어링^{Kevin Deierling}: 네트워킹 프로덕트 담당 SVP다. 마이클 케이건과 마찬가지로 엔비디아가 멜라녹스를 인수하

그림 4-6 │ 데보라 쇼키스트 운영총괄(왼쪽)과
이언 벅 가속컴퓨팅 부문 총괄 및 부사장(오른쪽)

출처: 엔비디아

면서 합류했다. 네트워킹 프로덕트는 기존에 멜라녹스가 영위하던 사업으로, 인피니밴드처럼 데이터센터 내 컴퓨터를 연결하는 기술 제품들을 말한다. 또한 네트워킹 반도체인 DPU도 네트워킹 사업 부문에서 담당한다.

- 콜레트 크레스Colette Kress: 최고재무책임자CFO로, 마이크로소프트와 시스코를 거쳐 2013년부터 엔비디아의 CFO를 맡고 있다. 엔비디아의 실적 콘퍼런스에 젠슨 황, IR 담당자와 함께 등장하는 인물이다.

- 이언 벅Ian Buck: 가속컴퓨팅 부문 총괄 겸 부사장이다. 하이퍼스케일과 고성능 컴퓨터 분야를 맡고 있는데, 현재 엔비디아의 고속 성장을 이끄는 부문이다. 프린스턴 대학과 스탠퍼드 대학을 거쳐 2004년부터 엔비디아에서 일했으며,

무엇보다 'CUDA의 아버지'로 불린다. 그가 주도해 만든 CUDA는 엔비디아 최대의 경제적 해자가 되었다.

- 빌 달리Bill Dally: 수석과학자Chief Scientist. 병렬 컴퓨터 분야의 세계적인 석학으로, 엔비디아가 만드는 GPU의 이론적 틀을 만든 사람 중 한 명이다. 버지니아공대, 스탠퍼드 대학, 칼텍 등에서 컴퓨터공학을 전공하고 MIT와 스탠퍼드 대학에서 교수로 일했다. 250편이 넘는 논문을 발표하고 120개 이상의 특허를 출원했으며, 네 권의 교과서를 썼다. 미국 공학한림원 회원, 미국 예술과학한림원 회원, IEEE 및 ACM의 펠로우이며 ACM 에커트-모클리 상, IEEE 시모어 크레이 상, ACM 모리스 윌크스 상을 받았다. 수석과학자로서 그는 당장 제품화되지 않지만 향후에 엔비디아에 도움이 될 수 있는 R&D를 수행한다.

- 제프 피셔Jeff Fisher: 지포스 담당 SVP다. 지금의 엔비디아를 있게 한 지포스를 총괄하는 인물로 1994년 엔비디아 설립 초창기에 입사해 현재까지 일하고 있다.

엔비디아의 주가가 천정부지로 오르면서 임원들은 모두 돈방석 위에 앉게 되었다. 젠슨 황만 세계에서 가장 큰 부자가 된 것이 아니라 임원들까지도 어마어마한 부자가 된 것이다. 젠슨 황 다음으로 많은 엔비디아 주식을 보유한 콜레트 크리스 CFO는 64만 주, 푸리 제이는 53만 주, 데보라 쇼키스트는 30만 주를 보유하고 있다. 각각 7,600억 원, 6,317억 원, 3,500억 원 정도에 달하는 큰돈이다. 주식으로 보상하는 실리콘밸리의 문화와 엔비디아의 장기 근속 문화가 어우러진 결과라고 할 수 있다.

스타트업 협업과 투자로 지속가능한 미래를 꿈꾸다

엔비디아는 스타트업과의 협력에 적극적인데, 그 이유 중 하나는 스타트업이 엔비디아의 잠재적인 고객이기 때문이다. 스타트업은 새로운 산업을 개척한다는 점에서 기술 발전의 방향을 예측하는 데 도움을 준다. 뿐만 아니라 스타트업에 대한 투자는 중소기업을 육성한다는 사회공헌의 측면도 있다.

그런 이유로 엔비디아가 직접 투자한 스타트업들의 면면을 살펴볼 필요가 있다. 그들을 살펴보면 엔비디아가 어떤 회사를 '인정'했는지, 미래의 먹거리로 지금 무엇을 바라보고 있는지 미루어 짐작할 수 있기 때문이다.

엔비디아 내에 있는 'N벤처스^{NVentures}'라는 CVC(기업형 벤처 캐피털)와 사업개발팀 양쪽에서 스타트업 투자를 진행한다. 엔비디아는 실리콘밸리에서도 가장 잘나가는 스타트업들을 골라서 투자할 수 있는 것으로 알려져 있다. 잘나가는 스타트업들은 창업자가 투자자를 직접 고를 수 있는데 최근 창업자들이 가장 선호하는 회사가 엔비디아이기 때문이다.

엔비디아는 어디에 투자하는가

엔비디아가 투자한 스타트업들은 크게 다섯 개 분야로 나뉜다. 첫 번째는 엔비디아 GPU를 가지고 AI를 학습시키는 'AI 모델 개발사'다. 이들은 엔비디아의 고객이기도 하다. 두 번째는 AI 모델을 가지고 애플리케이션을 만드는 회사들이다. 이들은 엔비디아의 GPU를 사용하긴 하지만 첫 번째보다 GPU를 사용하는 규모가 작다. 세 번째는 AI 인프라 회사다. 구체적으로 들어가면 AI 학습에 필요한 프레임워크나 데이터를 제공하는 회사, 학습에 필요한 GPU 컴퓨팅 파워를 클라우드로 제공하는 회사 등으로 나뉜다. 그리고 네 번째는 로보틱스, 다섯 번째는 바이오/헬스케어 기업들이다. 이들은 AI와 직접적인 관련은 적지만 모두 엔비디아가 진행하는 사업과 깊은 관련이 있는 곳이다.

다음은 엔비디아가 투자한 주요 스타트업들에 대한 설명이다.

1. AI 모델 개발사

- 인플렉션AI^{Inflection AI}: 인플렉션AI는 데미스 하사비스와 함께 딥마인드를 창업한 무스타파 슐레이만^{Mustafa Suleyman}이 2022년 창업한 회사다. 슐레이만은 딥마인드가 구글에 인수되면서 구글에 합류했고 구글에서 AI 모델 개발을 주도한 인물이다. 인플렉션AI는 챗GPT와 같은 '파이'라는 AI를 만들었지만 2024년 마이크로소프트에 합류하게 된다. 마이크로소프트가 슐레이만 CEO와 회사의 AI 인력을 통째로 채용한 것이다. 현재 법적으로는 회사를 유지하고 있지만 사실상 마이크로소프트 소속이라고 볼 수 있다. 2023년 6월, 13억 달러의 투자유치를 하면서 40억 달러로 그 가치를 평가받았다.

그림 4-7 | 현재 마이크로소프트 AI 총괄인 무스타파 슐레이만

출처: 무스타파 슐레이만 CEO X 계정

- 어뎁트^{Adept}: 어뎁트는 기업용 AI를 만드는 기업이다. 구글, 오픈AI 등에서 일했던 AI 연구자들이 2021년 설립했고 2023년 3월, 약 10억 달러 가치로 3억 5,000만 달러의 투자를 받았다. 이 회사는 2024년 6월, 아마존에 합류한다고 밝혔다. 인플렉션AI가 마이크로소프트에 인수된 것처럼 아마존에 인수된 것이다.

- 코히어^{Cohere}: 코히어도 어뎁트처럼 기업용 AI를 만드는 스타트업이다. 구글 출신으로 '트랜스포머' 논문의 저자 중 한 명이었던 에이든 고메즈^{Aidan Gomez}가 2019년 창업했다. 코히어는 2023년 6월, 22억 달러의 기업가치로 2억 7,000만 달러의 투자를 받았다.

- 미스트랄 AI^{Mistral AI}: 미스트랄은 메타 출신의 프랑스계 AI 엔지니어들이 2023년에 창업했다. 실리콘밸리가 아닌 프랑스 파리에 본사를 두면서 유럽을 대표하는 AI 모델 개발 기업으로 급부상했다. 2024년 6월, 60억 달러의 기업가치로 6억 4,000만 달러의 투자를 유치해 단기간에 가장 빠르게 성장했다. 2024년 6월 기준으로 현재 가장 잘나가는 스타트업 중 하나라고 할 수 있다.

- AI21 랩스^{AI21 Labs}: AI21 랩스는 2017년 설립된 이스라엘 스타트업으로, 챗GPT가 큰 인기를 얻기 전에 이미 거대언어모델을 만들었던 곳이다. 2023년 8월, 12억 달러로 기업가치를 평가받으며 기존 투자자에 추가로 구글, 엔비디아 등으로부터

1억 5,500만 달러를 투자받았다. 맘바SSM^Mamba SSM 트랜스포머라고 하는 새로운 모델 기반의 잠바^Jamba AI 모델을 공개하기도 했다.

2. AI 애플리케이션 개발사

- 트웰브랩스^Twelve Labs: 트웰브랩스는 한국계 이재성 대표가 다른 한국계 창업자들과 2021년 설립한 스타트업으로, 음성 AI를 만든다. 2024년 6월, 5,000억 달러의 투자를 받았다. 지금은 한국계 창업자들이 만든 가장 성공적인 AI 스타트업 중 한 곳이 됐다.
- 런웨이^Runway: 런웨이는 AI 동영상 편집 툴과 동영상 생성 모

그림 4-8 │ 트웰브랩스 이재성 대표

출처: 이재성 대표 X 계정

델을 만드는 곳이다. 뉴욕에 본사를 두고 있으며 실제 영상을 만들어본 경험이 많은 팀으로 구성되어 있다. 스타트업이지만 비디오 분야에서 매우 뛰어난 기술을 가진 기업인 것이 특징이다. 2023년 6월, 15억 달러의 기업가치로 1억 4,100만 달러의 투자를 받았다.

- 루마AI^{Luma AI}: 루마AI는 '드림머신^{Dream Machine}'이라는 이름으로 영상을 생성하는 AI를 만드는 기업이다. 애플 출신인 아밋 재인^{Amit Jain}이 AI 연구자인 알렉스 유^{Alex Yu}와 함께 2021년 창업했다. 2024년 1월에 약 2억 달러의 기업가치로 4,300만 달러의 투자를 유치했다.

3. AI 인프라 회사

- 데이터브릭스^{Databricks}: 데이터브릭스는 2013년에 설립된 데이터 기업이다. 아파치 스파크^{Apache Spark}라고 하는 데이터 프레임워크를 만든 학자와 개발자들이 함께 창업한 회사로, AI가 부상하기 전 대표적인 빅데이터 기업으로 많은 투자를 받았다. 2023년 9월, 430억 달러의 기업가치로 5억 달러의 투자를 받았으며 연 매출은 이미 16억 달러인 것으로 알려져 있다. 엔비디아는 2023년 데이터브릭스에 투자했으며 많은 부분에서 협업을 진행하고 있다. 데이터브릭스가 만든 LLM인 DBRX가 엔비디아의 클라우드 AI 서비스에서 제공되며 DBRX는 엔비디아의 클라우드를 통해 만들어진 것으로 알려져 있다.

- 허깅페이스^{Hugging Face}: 허깅페이스는 AI 연구자 및 개발자들이 모여 있는 커뮤니티로 다양한 AI 모델과 데이터가 이곳에 공개되어 있다. 뿐만 아니라 허깅페이스에서 AI를 학습시키는 것도 가능하다. 2023년 8월, 45억 달러의 기업가치로 2억 3,500만 달러의 투자를 받았다.
- 코어위브^{CoreWeave}: 코어위브는 기업들에게 GPU를 클라우드 형태로 서비스하는 회사다. AWS, 애저 같은 CSP지만 제공하는 서비스가 GPU에 집중되어 있다는 것이 큰 차이다. 빅테크처럼 엔비디아의 GPU를 구입해 데이터센터를 직접 구축해 운영한다. 2024년 5월 기준 190억 달러의 기업가치로 11억 달러의 투자를 받았다.

그림 4-9 | 엔비디아의 투자를 받은 AI 컴퓨팅 인프라 업체 코어위브

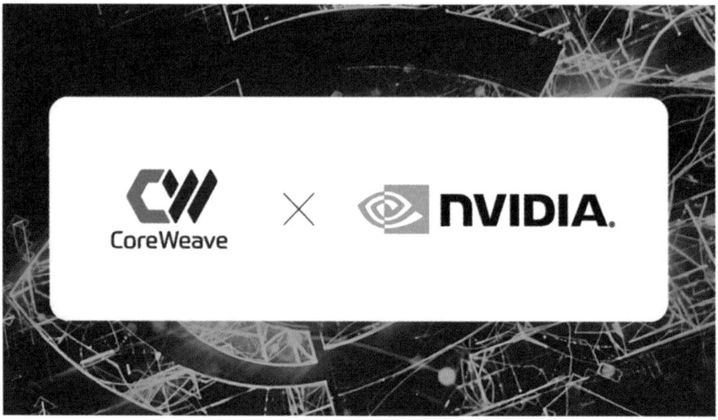

출처: 코어위브

- 리플리케이트Replicate: 리플리케이트는 여러 AI를 API 형태로 제공해 기업들이 사용하도록 서비스하는 스타트업이다. 클라우드 기업들이 제공하는 AI 추론 API 사업과 동일한 사업을 한다. 2023년 12월, 3억 5,000만 달러의 기업가치로 4,000만 달러의 투자를 유치했다.

- 스케일AIScale AI: 스케일AI는 AI 학습에 쓰이는 데이터를 레이블링(데이터의 퀄리티를 높이는 작업)하고 인간 피드백 기반 강화학습Reinforced Learning from Human Feedback 서비스를 제공하는 회사다. 오픈AI의 챗GPT도 스케일AI에 작업을 맡겨서 만들어졌다. 2024년 5월, 138억 달러의 기업가치로 10억 달러의 투자를 유치했다.

4. 로보틱스

- 서브로보틱스Serve Robotics: 서브로보틱스는 자율주행 배달 로봇을 만드는 기업이다. 포스트메이츠Postmates라는 음식 배달 업체의 사업 중 하나였지만 이 회사가 우버에 인수되면서 분사됐다. 2024년 4월에 나스닥에 상장에 성공했다. 2024년 6월 기준, 기업가치는 6,749억 달러에 이른다.

- 피겨AI: 피겨AI는 연쇄 창업자인 브렛 애드콕Brett Adcock이 2022년 설립한 휴머노이드 로봇 개발사다. 현재 가장 큰 화제를 모으고 있는 인간형 로봇을 만드는 곳으로 2024년 2월 엔비디아는 물론 마이크로소프트, 인텔, 오픈AI, 아마존 등으

로부터 투자를 받았다. 기업가치는 26억 달러, 투자금은 6억 7,500만 달러를 받았다. 로보틱스 사업을 확대하려는 엔비디아의 입장에서 보면 장기적인 관점에서 한 투자라 할 수 있다.

5. 바이오/헬스케어

• 인셉티브Inceptive: 인셉티브는 '트랜스포머' 논문의 공동 저자 중 한 명이었던 제이콥 우스코레이트Jakob Uszkoreit가 설립한 헬스케어 스타트업으로, AI를 활용해 신약 개발 분야에서 혁신을 이루고자 하는 것을 목표로 한다. 2023년 9월, 3억 달러의 기업가치로 1억 달러의 투자를 받았다.

인셉티브 외에도 엔비디아는 다양한 바이오/헬스케어 기업들에 투자를 하고 있다.

지속가능한 미래를 위한 노력

젠슨 황은 여러 공개석상에서 엔비디아의 가속컴퓨팅이 뛰어난 성능으로 기존의 컴퓨팅보다 에너지 소비를 줄이는 지속가능한 컴퓨팅이라고 설명해왔다. AI 학습 과정에서 데이터센터가 많은 전력을 소비하고 냉각을 위해 엄청난 물을 사용한다는 비판을 차단하기 위한 노력이다. 엔비디아의 차세대 GPU가 무엇보다 전력 소모 감소에 집중하는 것도 바로 이런 이유 때문이다. 전력 소모가 줄면 그만큼 발열도 줄고, 당연히 탄소 배출도 줄어든다. 엔비디아에 따르면 2024년 회계연도 기준으로 회사가 사용한 에너지의 76%가 재생에너지였다. 이들은 2025년까지 이를 100%로 끌어올리는 것을 목표로 하고 있다.

지배 구조에서도 엔비디아는 많은 노력을 기울이는데, 대표적으로 이사회 구성은 남성과 여성이 각각 절반씩을 차지한다. 반도체 기업 특성상 전체 글로벌 직원 중 남성이 75.6%, 여성이 23%를 차지하고 있지만 임원의 40%는 무조건 여성으로 선발하는 것이다. 엔비디아의 전체 직원 수는 현재 약 3만 명으로 이들 중 50%가 미국에 있으며 이스라엘이 포함된 중동/유럽 지역에는 21.3%, 아태지역과 인도에는 각각 전체의 17.1%와 11.2%의 직원들이 있다.

글로벌뿐만 아니라 미국 본사 내 인종별 다양성에도 노력을 기울인다. 중국, 인도, 한국계가 모두 포함된 아시아계 직원이 전체의 55.9%로 가장 많다. 백인 직원이 30%이며 히스패닉계 직원이 5.3%를 차지하고 있다. 아시아계 직원과 남성이 많은 비중으로 차지하는 것은 실리콘밸리 테크 기업들의 공통적인 부분이기도 한데, 엔비디아는 이들의 임금 격차(남성과 여성, 아시안과 백인)를 최소화하기 위해 노력을 기울이고 있다. 그리고 2024년 기준 직원 퇴사율은 글로벌 평균 2.7%에 불과하며 전체 직원의 3.2%가 장애인, 퇴역군인이 1.5%를 차지한다.

양성평등에 대한 엔비디아의 노력은 이들의 제품명에도 잘 드러난다. 과거 이들은 아키텍처에 유명 남성 과학자들의 이름을 가져와서 붙이곤 했다. 니콜라 테슬라Nikola Tesla, 블레이스 파스칼Blaise Pascal, 알레산드로 볼타Alessandro Volta, 앨런 튜링Alan Turing, 데이비드 블랙웰David Blackwell이 대표적이다.

하지만 2022년부터는 제품명에 유명한 여성 과학자들의 이름을 가져와 붙이고 있다. 에이다 러브레이스Ada Lovelace, 그레이스 호퍼, 베라 루빈이 대표적이다. 특히 여성 과학자들의 성은 GPU의 제품명으로, 이름은 CPU의 제품명으로 짓는 것을 2022년 그레이스 호퍼에서부터 시작하고 있다. 이런 작명은 사람들에게 잘 알려지지 않았던 위대한 여성 과학자들의 이름을 기억하게 만드는 긍정적인 효과를 내고 있다.

회사의 성장은 더 많은 기부로 연결되고

젠슨 황은 오레곤 주립대학교 재학 시절, 아내 로리 황Lori Huang을 만났다. 로리 황은 젠슨 황의 사업과 비전을 지지했던 것으로 알려져 있는데 젠슨 황은 2007년 아내와 함께 '젠슨&로리 황 재단'을 만들어 보유한 엔비디아 주식을 계속 재단에 기부해왔다. 파운데이션마크FoundationMark(비영리단체의 투자 성과를 분석하는 기업)의 대표 존 세이츠John Seitz에 따르면 기부 주식의 가치는 현재 80억 달러에 달한다고 한다.

그림 4-10 | 엔비디아 재단의 2023년 주요 활동

43%	**1,600만 달러**	**12%**	**39만 시간 이상 /400만 달러**
인스파이어 365에 참여한 엔비디아 직원들	직원들의 기부금	자원봉사활동에 참여한 직원들	자원봉사 시간/가치

출처: 엔비디아

재단을 통해 모교인 스탠퍼드 대학교에 3,000만 달러를 기부해 '젠슨 황 공학 센터Jen-Hsun Huang School of Engineering Center'를 건립했다. 또한 오레곤 주립대학교에는 5,000만 달러를 기부해 2026년 완공을 목표로 '공동혁신 복합 센터'의 건설을 지원하고 있다. 주로 공학과 과학 분야의 발전, 기술 인재 양성에 방점을 두고 있다.

CEO의 기부 외에도 엔비디안NVIDIAN(엔비디아의 직원들을 일컫는 말)들의 기부도 활발히 이뤄지는 편인데, 인스파이어Inspire 365라고 하는 사회공헌 프로그램이 잘 운영되고 있다. 전체 구성원의 약 43% 정도가 참여하고 있으며 이들이 낸 기부금은 총 1,600만 달러(220억 원)에 달한다. 공인된 비영리 단체에 직원 기부금을 1:1 비율로 매칭하는데, 직원당 연간 최대 1만 달러까지 기부할 수 있다. 직원들은 봉사활동에 직접 참여하기도 하며 이들의 활동을 시간으로 환산하면 3만 9,000시간, 가치로는 400만 달러에 달한다.

자료에 따르면 재단과 엔비디아가 합쳐 총 4,000만 달러를 58개 국가의 6,000개 비영리기관에 기부했다고 한다. 회사의 주가가 오르면서 직원들의 수입도 증가했고, 그들의 기부금도 전년 대비 84%나 증가하는 아름다운 결과를 보이고 있는 중이다.

NVIDIA
WAY

PART 5

계속된
칩메이커들의 전쟁,
엔비디아의 미래는?

"엔비디아는 지금 지구상에서
가장 중요한 주식이다."

골드만삭스

엔비디아는 시스코의 전철을 밟게 될 것인가?

2024년 들어와 파죽지세로 상승하던 엔비디아의 주가는 3월 GTC 이후로 큰 조정을 받았다. 942달러까지 오르면서 '천비디아'를 타진하던 주가가 4월 18일에는 그날 하루에만 10%나 하락하며 762달러에 마감했다. 이는 엔비디아 주가가 너무 가파르게 오른 데 대한 투자자들의 불안감이 커졌기 때문이었다. 2022년 10월 테크 주식들이 폭락해서 바닥을 쳤을 때를 기준으로 하면 주가가 여덟 배 이상 올랐으니 이런 조정이 일어난 것도 이해 못할 일은 아니다.

그리고 2024년 6월 10일, 엔비디아 주식은 10대 1의 비율로

그림 5-1 │ 시스코와 엔비디아의 주가 비교 그래프

엔비디아 주가($)

시스코 주가($)

엔비디아

시스코

시스코 날짜

1996~2002년의 시스코 주가와 2020년~현재까지의 엔비디다 주가를 비교한 것이다.

※ 시스코 주가는 분할 조정된 금액임(2000년 3월 분할)
※ 엔비디아 주가는 분할 전 수치다.

출처:FACTSET.MARKETWATCH

액면분할되었다. 1,200달러가 넘어가던 주가가 120달러대가 되면서 일반 투자자들의 진입이 쉬워졌다. 이후 엔비디아의 하락과 상승, 또 하락 등을 반복하며 시가총액 3위에서 1위로 잠시 올라섰다가 다시 3위로 내려앉는 등 큰 변동성을 보이고 있다. 많은 전문가들이 엔비디아를 2000년대 닷컴 버블 시기의 네트워크 장비 회사인 '시스코^{Cisco}'와 비교하고 있다. 엔비디아가 AI의 인프라를 만드는 기업이라고 본다면, 시스코는 인터넷의 인프라를 구축한 기업이기 때문이다.

폭발적인 성장과 닷컴 버블

시스코는 1984년 스탠퍼드 대학 출신 부부가 공동 창업했다. 이들은 '라우터^{router}'라고 하는 지금의 인터넷을 만드는 중요한 발판이 된 통신 신호를 증폭시켜주는 장비를 만들어 시장을 장악했다. 시스코는 뛰어난 기술로 1990년 상장에 성공했지만, 두 창업자의 부족한 경영 능력 탓에 이후 전문경영인 체제로 변화했다.

시스코의 전성기를 이끈 사람은 1995년부터 10년간 회사를 이끈 CEO 존 체임버스^{John Chambers}였다. 인터넷 인프라에 대한 수요가 폭발하면서 당시 시스코의 성장 속도는 엔비디아 못지않았다. 매년 40~50%씩 매출이 성장했고 순이익도 그 정도 속도로 성장했다. 상장 당시 2억 2,400만 달러였던 기업가치는 2000년 닷컴 버블 시기에 무려 5,000억 달러까지 치솟기도 했다. 2,000배가 넘는 상승이었다.

하지만 닷컴 버블이 꺼지면서 주가는 5분의 1 정도로 쪼그라들었고, 2001년에는 회사 직원의 18%를 정리해고해야만 했다.

초기에는 거의 시장을 독점하고 있었지만 새로운 기술을 내걸고 도전하는 후발주자들이 나타나면서 점유율을 계속해서 빼앗겼다. 2000년대 초반에는 주니퍼 네트웍스Juniper Networks, 2010년대부터는 아리스타 네트웍스Arista Networks 같은 회사들이 네트워크 장비로 계속 시스코에 도전하고 있다. 글로벌 시장에서는 화웨이나 노키아Nokia와 경쟁하고 있다. 물론 아직도 여전히 주요 시장에서는 50% 정도의 점유율을 유지하고 있긴 하지만 2000년의 고점 주가는 아직 회복하지 못하고 있는 상태다.

비슷한 듯 보이지만
전혀 다른 엔비디아와 시스코

만약 현재 엔비디아의 주가 급등이 과열된 것이라면 시스코처럼 폭락이 찾아올 수 있고, 장기간 주가를 회복하지 못할 가능성도 있다. 그러나 엔비디아는 시스코와 몇 가지 지점에서 큰 차이가 존재한다.

첫 번째, 엔비디아는 GPU를 중심으로 소프트웨어 생태계인 CUDA가 구축되어 있다는 점이다. 한번 생태계가 만들어지고 그게 업계 표준으로 자리 잡으면 해당 하드웨어에 대한 의존성이 매우 높아진다. 아이폰과 맥북 등을 연결한 애플 생태계가 대표적이다. 이런 생태계는 많은 이들이 받아들이면 다른 기업들이 쉽게 점유율을 가져오지 못한다.

두 번째는 리더십이다. 시스코는 창업자들이 물러난 이후 전문경영인이 10년 이상씩 회사를 운영하고 있다. 미국식 상장기업의 장점을 잘 살리고 있다고 볼 수도 있지만 창업자 젠슨 황이 계속 CEO로 있으며 만들어온 리더십이나 문화와는 차이가 있을 수밖에 없다.

또한 시장 변화에 유연하게 대처하면서 과감한 의사결정을

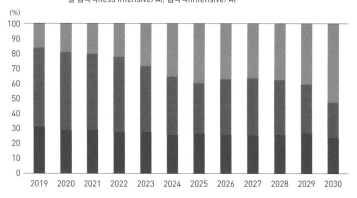

그림 5-2 | 빅4(마이크로소프트, 구글, 아마존, 메타) 기업의 데이터센터에서 AI 작업이 차지하는 비중

■ 소비자 영역 | 예상치 대비 25% 초과
내부 비즈니스/백엔드, 상품 소비자, 콘텐츠, AR/VR, 기타 집약적인 콘텐츠

■ 퍼블릭 클라우드 영역 | 예상치 대비 50~25% 초과
상품 엔터프라이즈 클라우드, 비즈니스 생산성, PaaS, SaaS, 분석

■ AI 영역 | 예상치 대비 25~50%의 흡수
덜 집약적(less intensive) AI, 집약적(intensive) AI

출처: KKR

하고 이를 밀고 나가는 능력은 엔비디아가 월등하게 높다. 만약 젠슨 황이 아니었다면 AI와 데이터센터에 대한 지속적인 투자는 불가능했을지도 모른다. [그림 5-2]에서 보듯 향후 데이터센터의 수요는 더 커질 것이고 엔비디아는 더 강력한 힘을 갖게 될 것이다.

세 번째는 AI 기술이 만들어낼 산업적 크기가 인터넷 라우터 이상으로 클 수 있다는 점이다. 시스코의 시장점유율이 50%대로 줄어든 이유는 매우 큰 규모였던 라우터를 비롯한 통신 장비 시장이 어느 순간부터 커머디티화, 다시 말해 평준화되었기 때문이다. 그러나 엔비디아가 보유한 GPU는 이와 다르다. GPU는 데이터센터의 핵심 인프라다. AI에 필요한 컴퓨팅 파워가 점점 더 높아지고, 일반 소비자와 기업의 영역에까지 AI가 들어오는 상황에서 인프라 수요는 앞으로 더 커질 수밖에 없다. 즉, GPU는 AI 시대의 핵심 인프라로서 수요가 지속적으로 증가할 것이다.

종합적으로 보자면 엔비디아의 주가 흐름은 시스코와 유사한 부분이 분명 있다. 인프라 주식으로 단기간에 급등했지만 엔비디아는 시스코와 다르게 갑자기 성장한 회사가 아니다. 수십 년 동안 칩을 개발해오고 CUDA 생태계에 몇십 년씩 투자해오면서 그들만의 경제적 해자를 잘 구축했고, 무엇보다 시스코보다 더 큰 규모의 시장을 대상으로 하고 있다. 그리고 이런 진입장벽 덕분에 그들을 위협하는 유력한 경쟁자가 나타나기도 힘든 구조다. 언젠가 엔비디아 GPU에 대한 수요가 꺾일 시기가 올 수도 있겠지만 2024년 기준으로는 당분간 이러한 기세가 꺾일 것 같지 않다.

3월 GTC 이후 소강세를 보였던 엔비디아의 주가는 5월 22일 분기 실적 발표 후 다시 급등하기 시작했다. 28일 기준 주가는 1140.59달러까지 올랐다. 이번에도 예상을 크게 상회한 실적이 주가 상승을 이끌었다. 그리고 6월에 분할된 후 120달러대에서 시작한 주가는 140.76달러를 찍고 하락과 반등을 거듭하고 있다. 어떤 애널리스트는 잠재적인 하락을 예측하고, 또 다른 애널리스트는 160달러까지 갈 것이라고 말하기도 했다. 과연 앞으로 더 상승 여지가 남아 있는지는 지켜봐야 할 것 같다.

오랜 경쟁자 AMD와 진격의 인텔

엔비디아의 숙명의 라이벌이라고 한다면 단연 AMD를 꼽을 수 있다. AMD는 엔비디아보다 역사가 2배 이상 긴 회사인데, 이들은 PC용 그래픽 카드 시장에서 오랜 경쟁 관계를 이어왔다. 대학을 졸업한 젠슨 황이 처음 일한 회사이기도 했고, 또 젠슨 황과 현재 AMD CEO인 리사 수Lisa Su가 같은 대만 출신으로 먼 친척 관계라는 인연도 있다.

엔비디아의 독주를 멈출
업계 2위의 추격

1969년, 숙명의 라이벌인 인텔보다 1년 늦게 설립된 AMD는 원래 인텔의 라이선스로 x86 기반의 CPU 제조를 주력 사업으로 하던 회사였다. 그러던 2006년, 캐나다의 그래픽 카드 회사인 ATI 테크놀로지스를 인수하면서 엔비디아가 차지하고 있는 GPU 시장에 뛰어들었다. AMD가 ATI의 그래픽 카드 브랜드인 라데온을 강력하게 밀기 시작하면서 2008년에는 엔비디아가 갖고 있던 시장을 빼앗아와 시장점유율이 40% 가까이 오르기도 했다. 이때 엔비디아의 주가는 사상 최저치로 떨어졌었다.

그림 5-3 | 엔비디아 지포스의 경쟁 제품인 AMD의 라데온 GPU

출처: AMD

하지만 2011년 AMD는 주력 사업인 CPU에서 불도저^{Bulldozer} 시리즈가 실패하면서 추락했고, GPU 시장에서도 그 동력을 잃기 시작했다. 현재 PC 게임용 그래픽 카드 시장에서 엔비디아는 80%, AMD는 20% 정도의 점유율을 유지하고 있는 상태다. 그러나 2014년 리사 수 CEO가 취임한 후 새로운 CPU 아키텍처를 공개하면서 실적이 조금씩 살아나고 있다. PC 시장과 서버 시장에서 인텔이 지배하던 점유율 또한 가져오고 있는 중이다.

다만, 현재 엔비디아와 AMD는 라이벌이라고 보기 어려울 정도로 체급 차이가 벌어졌다. 2006년 엔비디아가 AMD의 시가총액을 추월한 이후 2024년 6월 기준, 엔비디아의 시가총액은 3

그림 5-4 | 리사 수 AMD CEO

출처: AMD

조 달러가 넘고 AMD 시가총액은 2,600억 달러 정도다. 기업가치가 거의 여덟 배 정도 차이 나는 것이다.

이런 AMD가 엔비디아의 GPU 시장에 도전하고 있다. 2006년 PC용 GPU 시장에 도전했던 것과 비슷하게 AMD는 2017년 데이터센터용 GPU인 AMD 인스팅트 MI 시리즈를 내놓고 엔비디아가 선점하고 있던 데이터센터용 GPU 시장에 도전장을 내밀었다. MI 시리즈에도 삼성전자와 SK하이닉스의 HBM이 탑재된다. 특히 2023년은 AMD에게도 기회가 열리는 시기였다. 생성형 AI의 등장으로 GPU에 대한 수요가 폭발했는데, 공급망 문제로 엔비디아의 GPU를 확보하는 것이 너무 어려웠기 때문이다. 게다가 엔비디아는 GPU의 가격을 지나치게 높게 받았다. 이런 이유로 AI 가속기를 사용하던 기업들이 슬슬 대안을 모색하기 시작한 것이다.

그러나 AMD는 아직은 의미 있는 시장점유율을 만들어내지 못하고 있다. 알렉스넷의 부상 이후 AI 연구자들과 함께 성장해온 엔비디아의 AI 생태계, 특히 CUDA 소프트웨어 생태계의 강력한 구속력 때문이다. 연구자들 입장에서는 엔비디아로 AI를 잘 학습시켜고 사용하고 있는데 AMD의 GPU를 굳이 사용할 이유가 없다.

이에 AMD는 CUDA에 대항할 수 있는 소프트웨어 생태계로 2016년 'ROCm'을 공개했다. AMD의 GPU를 뒷받침하는 오픈소스 플랫폼으로 CUDA처럼 컴파일러, 라이브러리, 프로그래밍 언어 같은 도구를 제공한다. 무엇보다 CUDA를 ROCm으로 이식할 수 있는 도구도 제공해서 호환성을 강조했다. 또한 2023년 12월에 출시된 최신 제품 MI 300X는 마이크로소프트, 메타 같은 고객들에게 납품되기도 했다.

AMD는 또한 인텔과 함께 엔비디아의 아성을 무너뜨리기 위해서 UA^{Ultra Universal}링크와 울트라 이더넷 컨소시엄^{UEC}이라고 하는 네트워크 동맹에도 가입했다. 엔비디아는 GPU 외에도 반도체 칩들을 서로 연결하는 기술인 NV링크와 데이터센터 내에서 컴퓨터들을 서로 연결하는 기술인 인피니밴드라는 자체 기술을 보유하고 있다. 이 두 가지 기술은 엔비디아가 GPU를 비싼 가격으로 팔 수 있는 이유이기도 하다. UA링크는 NV링크를 대체하는 기술을 만들려는 컨소시엄이고, UEC는 이더넷으로 인피니밴드를 대체하려는 움직임이다. 엔비디아가 데이터센터 시장에서 강력한 지배력을 갖는 이유 중 하나가 이런 네트워크 기술이므로 개방적인 연합을 만들어서 이를 대체하겠다는 목적이다.

UA링크에는 구글, 마이크로소프트, 메타, AMD, 인텔, 브로드컴, 시스코, 휴렛팩커드가 참여했다. UEC에는 마이크로소프트, 메타, 오라클, 인텔, AMD, 브로드컴, 아리스타네트웍스, 시스코, 휴렛팩커드가 참여했다. 엔비디아의 고객사인 대형 클라우드 업체들이 대거 참여했다고 봐도 될 정도다. 2024년 컴퓨텍스에서 리사 수는 AMD가 UA링크와 UEC 모두에 참여하고 있고, 이를 기반으로 한 데이터센터 구축이 가능하다면서 엔비디아에 도전하는 '연합군'의 리더를 자처하는 모습을 보여주기도 했다.

물론 엔비디아의 아성에 도전하는 이러한 AMD의 시도들은 아직 가시적인 성과를 보여주고 있지 못하다. AMD가 이룬 납품 실적과 기술적 진전에도 불구하고, 고객 저변을 확대하고 시장점유율을 높이기까지는 넘어야 할 산이 많아 보인다.

그럼에도 AMD의 도전은 계속될 전망이다. 엔비디아의 독주가 지속되는 가운데 글로벌 IT 기업들의 AMD에 대한 기대감이 여전하기 때문이다. 업계 2위 자리를 공고히 하면서 AMD는 틈새시장을 흔드는 전략으로 AI 반도체 시장에서 존재감을 높여 갈 것으로 예상된다.

전통의 CPU 강자,
GPU에 도전장을 내밀다

AMD 다음으로 엔비디아의 대안이 되는 AI 반도체를 내놓는 기업은 CPU 시장의 강자인 인텔이다. 사실 인텔은 현재 회사의 근간이 무너져 내린다고 해도 될 정도로 큰 위기와 변화를 겪고 있다. 그래서 새로운 성장 동력을 확보하기 위해 과감한 행보를 보이는 중이다.

인텔은 현재 AMD와 애플, 클라우드 기업들이 자체 CPU를 만들면서 PC 및 서버 CPU 시장에서 입지가 크게 흔들리고 있는 상황이다. 이에 2021년 팻 겔싱어[Pat Gelsinger] CEO 취임 이후 다른 기업의 반도체를 대신 생산해주는 파운드리 사업 진출이라는 승부수를 던졌다. 2024년에는 반도체를 설계하는 부문인 '인텔 프로덕트'와 생산 부문인 '인텔 파운드리'로 분할하는 대대적 조직 개편까지 단행했다.

위기 속에서도 인텔은 미래를 향한 전진을 멈추지 않고 있다. 아크[Arc]라고 하는 PC용 GPU뿐만 아니라 데이터센터용 GPU에도 도전장을 내민 것이다. 특히 엔비디아의 AI 가속기인 H100과 정면승부를 겨루는 '가우디[Gaudi]' 제품군으로 업계의 이목을 집중시키고 있다.

가우디는 인텔이 2019년 인수한 이스라엘 스타트업 하바나

그림 5-5 | 위기의 인텔을 이끌고 있는 CEO 팻 겔싱어

출처: 인텔

랩스Habana Labs의 제품이다. H100처럼 딥러닝에 특화된 반도체로, 2022년 가우디2를, 2024년에는 최신 제품인 가우디3를 공개했다. 인텔은 가우디 AI 가속기의 강점으로 경쟁사 대비 뛰어난 가성비와 높은 호환성을 내세운다. 2024년 4월 개최한 '인텔 비전' 행사에서 가우디3를 공개하며 챗GPT 등 주요 LLM의 학습 속도와 추론 성능은 엔비디아 대비 50% 더 우수하고, 추론 전력 효율은 평균 40% 더 뛰어나면서도 가격은 훨씬 저렴하다고 강조했다. 또한 인텔 CPU가 주요 데이터센터에 깔려 있으니 가우디의 도입이 수월하다는 점도 강조했다.

나아가 인텔은 네이버와 전략적 제휴를 맺으며 글로벌 AI 반도체 동맹 구축에도 적극적으로 나서고 있다. 인텔 비전 행사에

그림 5-6 | 인텔의 AI 반도체 가우디3

네이버 임원을 초대해서 협력을 공식화했고, 한국의 네이버, 카이스트와 AI 연구소를 설립하고 함께 인텔의 가우디 생태계를 만들기로 협약했다.

네이버는 한국의 가장 큰 테크 기업 중 하나이며 '각 춘천'과 '각 세종'이라는 큰 데이터센터를 운영하고 있다. 또한 자체 개발한 LLM '하이퍼 클로바X'를 기반으로 생성형 AI 서비스를 구축했다. 네이버 역시 그동안 엔비디아의 A100 GPU를 구매해서 사용해왔지만 최근 들어 급격하게 비싸진 비용과 H100 GPU 확보의 어려움 때문에 지난 2023년부터 인텔 제품으로 선회하는 것을 검토 중이다. 네이버 내부에 가우디 생태계를 확장하기 위해 다양한 스타트업 및 학교들과 협업하는 랩을 만들고 가우디2를 활용한 LLM 구축을 계획 중에 있다.

인텔은 지금 회사를 다시 세운다고 해도 될 정도로 근본적인 변화를 겪고 있다. 파운드리 기업으로의 변신을 선언하면서 자사 반도체보다 고객의 반도체를 우선시하겠다는 선언까지 했다. 도전자로 엔비디아의 AI 반도체 시장을 공략하지만, 동시에 엔비디아의 반도체를 받아서 인텔이 생산도 하는 입장이다.

이런 전략의 성공에는 사실 파운드리가 제일 중요하다. 선단 공정 반도체에서 TSMC 수준의 우수한 반도체를 만들 수 있다는 것이 입증된다면 수비하는 입장인 CPU 시장에서의 경쟁력을 유지할 수 있고, AI 반도체에서도 엔비디아 대비 경쟁력을 보여줄 수 있기 때문이다. 자사 제품에서 경쟁력을 입증하면 파운드리 고객은 자연스럽게 따라오게 된다. 인텔을 AMD와는 다른 시각으로 봐야 하는 이유다.

고객이자
경쟁자:
마이크로소프트,
구글, 아마존

젠슨 황은 엔비디아가 전 세계에서 가장 심한 경쟁에 직면하고 있는 기업이라고 설명하면서 "우리는 고객과 경쟁하는 회사이면서 우리 제품의 모든 정보를 고객에게 전부 공개하는 회사"라고 설명한 적이 있다. 여기서 젠슨 황이 말한 고객들이 바로 세계 3대 퍼블릭 클라우드 사업자인 아마존, 마이크로소프트, 구글이다. 세 회사는 각각 AWS, 애저, 구글 클라우드라는 이름으로 클라우드 서비스를 제공하고 있다.

이 세 회사는 엔비디아의 GPU를 구매해 자사의 데이터센터에 탑재한 후 이를 필요로 하는 고객에게 온디맨드 형태로 판매

그림 5-7 | 주요 CSP의 AI 가속기 비중(2022년 6월 기준)

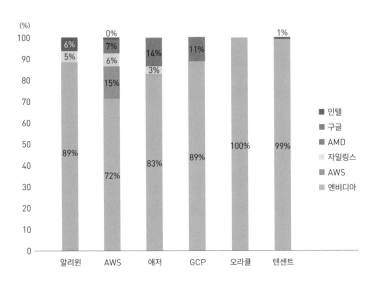

한다. 동시에 세 회사 모두 엔비디아의 GPU를 대신할 수 있는 자체적인 AI 반도체를 개발하고 있다. 이렇게 가장 큰 고객이 자신과 경쟁하는 제품을 내놓는 상황에서 엔비디아는 어떻게 계속 성장하고 역대 최고의 실적을 낼 수 있을까? 대답은 단순하다. 고객이 살 수밖에 없는 압도적인 성능의 제품을 만들기 때문이다.

자체 반도체를 향한
'IT 4대 제국' 간의 치열한 경쟁

CSP 중에서도 가장 자체 반도체의 필요성이 높은 기업은 단연 구글이다. AI 연구에 가장 앞서 있던 회사인 만큼 그들은 전용 반도체의 필요성을 가장 절실히 느끼고 있다. 그래서 구글은 2016년 TPU^{Tensor Processing Unit}를 공개했다. 인공신경망 학습에 특화된 전용 반도체를 내놓은 것이다.

2016년 알파고와 이세돌의 대국에서는 엔비디아의 GPU가 주로 쓰였지만 TPU도 일부 사용되었다. 2022년 6월 기준, 구글이 사용하는 전체 AI 반도체 중 11% 정도가 자체 개발한 TPU인 것으로 알려져 있다. TPU는 세대를 거듭해서 2024년 5월, 5

그림 5-8 │ 구글의 AI 가속기 TPU

세대 제품인 TPUv5e와 TPUv5p까지 출시됐다. TPUv5p는 AI 학습에 사용되는 고성능 제품으로 엔비디아의 H100과 직접적으로 경쟁하는 제품이다. TPUv5e는 효율성 우선 제품으로 학습보다는 추론에 특화되어 있다.

구글은 또한 가장 먼저 고성능 AI인 '제미나이'를 개발해 오픈AI의 GPT와 경쟁하고 있다. 제미나이 외에도 수많은 AI를 연구하는 구글로서는 AI 컴퓨팅 비용을 낮추고 성능을 높이는 것이 관건이다. 2024년 4월에는 자체 데이터센터용 CPU인 액시온Axion을 공개하며 인텔에 대한 의존도까지도 낮추는 방향으로 가고 있다.

두 번째로 자체 반도체 개발에 적극적인 회사는 아마존 AWS다. 아마존은 클라우드 컴퓨팅 사업을 가장 먼저 시작한 회사로 현재 시장점유율 1위 기업이다. 1등 기업인만큼 고객들의 AI에 대한 수요를 잘 알고 있었고 그래서 구글 다음으로 AI 반도체를

그림 5-9 | AWS가 자체 개발한 학습용 반도체 트레이니움 2세대

출처: AWS

개발했다. 2019년 12월 AI 추론용 반도체인 인퍼런시아^{Inferentia} 를 공개했고 2020년 12월에는 AI 학습용 반도체인 트레이니움 ^{Trainium}을 공개했다. 현재는 모두 2세대 모델이 공개된 상태다.

AWS는 구글과 달리 자체 LLM 개발에 적극적이지 않다. AI 를 개발해 내부적으로 사용하고 AWS를 통해 서비스하고 있지 만 제미나이, GPT처럼 LLM을 회사의 주력 사업으로 내세우지 는 않고 있는 것이다. 그래서 AWS가 개발하는 반도체는 철저히 비용 절감의 목적이 크다. 자체 개발 GPU를 설치하면 비싼 엔 비디아 제품을 쓰지 않아도 되고 고객에게도 저렴하게 서비스 를 제공할 수 있기 때문이다. 이런 이유로 아마존은 서버용 CPU 도 일찌감치 개발했다. 2018년부터 자신들이 개발한 그라비톤 ^{Graviton}이라고 하는 Arm 설계 기반의 CPU를 데이터센터에 사용 중이다.

AWS는 엔비디아 GPU 사용 비중이 가장 낮은 기업이었 다(2022년 6월 기준). 72%가 엔비디아 AI 반도체였고, 15%가 AWS 자체 개발, 13%가 AMD와 자일링스(AMD가 인수한 회사) 의 반도체였다. 다만 이는 생성형 AI가 폭발하기 전의 데이터여 서 현재의 비중은 알 수 없다. AWS의 클라우드 고객들이 엔비 디아 GPU를 선호하면서 AWS도 대량의 엔비디아 GPU를 구매 한 것으로 알려져 있다.

마지막으로 마이크로소프트는 2023년 11월이 되어서야 자체 AI 반도체 개발 계획을 내놨다. AI 가속기인 마이아^{Maia} 100과

그림 5-10 | 마이크로소프트의 AI 반도체 마이아

출처: 마이크로소프트

서버용 CPU인 코발트Cobalt 100이 그것이다. 2022년 기준으로 마이크로소프트는 엔비디아 83%, AMD+자일링스 17%의 비중으로 AI 반도체를 사용했다. 앞으로 엔비디아에 대한 의존도를 줄이고 AMD와 자체 AI 반도체 비중을 늘릴 것으로 예상된다.

마이크로소프트는 자체적인 AI 개발도 하지만 LLM 기술은 오픈AI에 의존하고 있다. 코파일럿이 바로 오픈AI의 GPT를 기반으로 만든 서비스다. 엑셀, 워드, 이메일 등의 오피스 서비스에 코파일럿이 문서 초안을 작성해주거나 데이터를 찾아주는 등의 AI 비서 업무를 해준다. 그러므로 이런 AI 서비스 사용자가 많아지면 추론용 AI 반도체 수요가 높아질 테고, 이렇게 되면 비싼 엔비디아의 GPU보다는 자체 반도체나 저렴한 경쟁 제품을 선택할 가능성이 높다.

클라우드 서비스 업체는 아니지만 엔비디아의 중요한 고객인 메타도 자체 AI 반도체를 만들고 있다. 2023년 5월 MTIA^{Meta Training and Inference Accelerator}의 1세대를 공개한 데 이어 2024년 4월에는 MTIA 2세대 모델을 공개했다. 첫 번째 모델이 주로 메타 서비스 내 추천 알고리즘을 위한 목적이었다면 2세대부터는 본격적으로 학습과 추론에 사용될 목적으로 만들어졌다. 2024년 6월 이미 메타의 데이터센터에 사용을 시작했으며 역시 엔비디아의 GPU를 완전히 대체하는 것이 목적이다.

엔비디아의 독주를 쉽게 막을 수 없는 이유

과연 CSP들이 개발하는 자체 AI 반도체가 엔비디아가 지배하고 있는 시장을 빼앗아올 수 있을까? 업계에서는 결코 쉽지 않을 것이라는 전망이 지배적이다. 엔비디아의 GPU가 비싸긴 해도 성능 측면에서 다른 경쟁사 제품보다 훨씬 뛰어나다는 점은 경쟁사들도 인정하는 부분이기 때문이다.

성능 문제뿐만 아니라 고객들이 엔비디아 GPU를 선호한다는 점도 경쟁사들의 진입을 막는 부분이다. CSP들은 자체적인 용도로 AI 반도체를 사용하지만 고객에게 제공하기 위한 목적도 있다. 고객이 CSP에서 설계한 AI 반도체보다 엔비디아의 GPU를 사용하길 원한다면 이를 제공해야 하는 것이다. 이런 이유로 CSP들이 엔비디아 GPU의 사용 비중을 어느 정도까지는 가져가야 한다는 점을 생각하면 엔비디아의 점유율은 아무리 낮아도 50%까지는 유지될 것이라는 게 현재의 전망이다.

이런 측면에서 본다면 CSP의 자체 반도체에 대해서 엔비디아는 크게 두려워할 필요가 없다. 빅테크 기업들이 자체 AI 반도체를 내놓는다고 해도 점유율에 한계가 있다고 봐야 하기 때문이다. 물론 엔비디아가 다 가져갈 수 있었던 시장의 상당 부분을 빼앗길 순 있지만 전체 AI 인프라가 커지면 커질수록 거기서 줄어드는 부분도 상쇄될 것이기 때문에 큰 문제가 되지 않는다. 엔비디아의 가장 중요한 고객들은 전 세계에서 가장 돈을 잘 버는 빅테크 기업들이라는 것을 잊지 말아야 할 것이다.

AI 피라미드의 최상단에 있는 기업: 오픈AI

엔비디아만큼이나 최근 몇 년간 폭발적인 성장을 보여주고 있는 오픈AI는 엔비디아 입장에서는 가장 고마운 기업이다. 오픈AI가 연구하고 내놓은 챗GPT가 2022년 11월 공개된 이후 역사적인 성장을 보여주면서 생성형 AI 붐을 일으켰기 때문이다. 챗GPT가 LLM의 가능성을 보여주자 기업들로부터 엔비디아 GPU에 대한 주문이 쇄도하기 시작했고 2023년 2분기부터 시작된 엔비디아의 폭풍 성장은 2024년 1분기가 지난 현재까지도 지속되고 있다.

주간 사용자가 1억 명에 육박하는, 세계에서 가장 많은 사람들이 사용하는 AI 서비스를 개발하는 곳인 만큼 오픈AI의 AI 인프라 수요는 어마어마하다. 뿐만 아니라 이들은 새로운 AI 기술 개발에도 가장 앞서 있다. 오픈AI가 만든 가장 최신 GPT 모델인 GPT-4는 현재 가장 뛰어난 언어 능력과 추론 능력, 코딩 능력을 가지고 있다. 뿐만 아니라 이미지를 언어로 인식하고, 텍스트에 맞춰 그림을 그리거나, 음성을 듣고 텍스트로 이해하는 멀티 모달리티 능력도 갖췄다.

또한 2024년 5월 13일 공개된 GPT-4o는 반응 속도가 빨라지면서 실시간 음성 대화가 가능해졌다. 영화 〈그녀Her〉에서처럼 AI와 사랑에 빠지는 것도 가능해져 보일 정도로 사람처럼 말하는 AI를 내놓은 것이다. 2024년 후반기에 다음 AI 모델인 GPT-5를 출시할 것으로 예상되는데, GPT-4보다 더 뛰어난 성능을 갖고 있을 것으로 관측되고 있다. 2024년 2월에는 텍스트 투 비디오 모델인 '소라'를 공개하면서 동영상 생성 AI에서도 자신들이 가장 앞서 있다는 것을 입증했다. 오늘날 구글과 함께 가장 최고 성능의 AI를 만드는 회사가 바로 오픈AI다.

이처럼 앞선 AI 기술을 내놓는 오픈AI가 엔비디아로서는 고마울 수밖에 없다. 새로운 기술은 AI의 사용처를 늘리고, 이는 엔비디아 GPU에 대한 수요로 이어진다. 특히 오픈AI가 주도하는 생성형 AI는 매개변수가 매우 큰 AI 모델이기 때문에 더 뛰어난 성능의 GPU가 필요할 수밖에 없다.

요약하자면 현재 오픈AI는 AI 개발 트렌드를 주도하는 기업이고, 전 세계에서 가장 많은 사람들이 사용하는 AI 서비스 기업이다. 전체 AI 생태계 피라미드의 최상단에 있는 기업이라고 해도 과언이 아니다.

이런 중요성을 알고 있기에 엔비디아의 오픈AI에 대한 대우는 매우 특별하다. 엔비디아가 최초의 AI 슈퍼컴퓨터인 DGX-1을 만들고 첫 제품을 납품한 곳이 바로 오픈AI였다. 2016년 8월 젠슨 황은 직접 오픈AI를 찾았고, 당시 오픈AI의 이사였던 일론 머스크와 함께 찍은 사진이 남아 있다. 당시 오픈AI는 설립 초기로, 지금처럼 기업화되지 않고 비영리 연구소의 정체성이 강하

그림 5-11 | 엔비디아 최초의 AI 슈퍼컴퓨터 DGX-1

2016년 젠슨 황은 일론 머스트 오픈AI 회장에게 DGX-1를 전달했다.   출처: 일론 머스크 테슬라 CEO

그림 5-12 | 오픈AI 본사를 방문한 젠슨 황

젠슨 황은 오픈AI 본사를 직접 찾아가 CEO인 샘 올트먼(왼쪽)과 사장 그렉 브록만(오른쪽)을 만나 DGX H200을 전달했다.

출처: 그렉 브록만 오픈AI 사장

던 시기였다. 젠슨 황은 뛰어난 연구자들로 구성된 오픈AI의 가능성을 일찍이 알아보고 DGX-1을 무료로 기증했다. 그때 오픈AI를 도왔던 것이 지금의 엔비디아를 만들었다고도 볼 수 있지 않을까?

가장 고마운 존재이자 가장 강력한 적

이처럼 오픈AI는 엔비디아에게 고마운 존재이지만 다른 빅테크 기업들과 마찬가지로 잠재적인 경쟁자가 될 수도 있다.

가장 먼저 위협이 될 수 있는 부분은 소프트웨어적인 측면이다. 오픈AI는 2021년 '트리톤Triton'이라는 오픈소스 GPU 프로그래밍 언어를 공개했다. 트리톤은 엔비디아의 CUDA를 잘 몰라도 GPU와 같은 AI 가속기를 프로그래밍할 수 있는 언어다. 이언어를 사용하면 엔비디아 GPU에 대한 의존도를 줄일 수 있다. 실제로 트리톤은 AMD의 GPU에서도 잘 작동되며 메타가 공개한 MTIA v2도 트리톤을 지원한다. 이미 오픈AI도 트리톤을 사용하고 있기 때문에 트리톤 사용자가 많아지게 되면 CUDA가 가진 강력한 구속력이 약해질 가능성이 있다.

그러나 오픈AI가 이보다 더 크게 엔비디아를 위협하는 부분은 데이터센터와 관련이 있다. 오픈AI에게 가장 큰 고민은 AI 인프라 비용이다. 챗GPT나 소라 같은 생성형 AI는 데이터센터의 GPU를 사용해야 하는데 이 비용이 너무 높다는 게 가장 큰 문제다. 오픈AI만 해도 연간 매출이 16억 달러(2조 원)에 달하지만 계속 적자를 보는 이유가 GPU 사용 비용이 너무 높기 때문이다.

샘 올트먼Sam Altman 오픈AI CEO는 이런 AI 인프라 비용을 낮추기 위해 대규모 투자가 필요하다는 것을 강조하고 있다. 2024

년 2월 〈월스트리트 저널〉은 올트먼이 AI 반도체 기업을 만들기 위해 7조 달러(9,000조 원) 규모의 투자 유치를 추진하고 있다고 보도했다. 전 세계 주요 반도체 기업들을 인수하고도 남을 만한 어마어마한 금액이었다. 하지만 이는 향후 AI 비용을 낮추기 위해 필요한 수년간의 인프라 투자를 모두 감안한 금액인 것으로 밝혀졌다. 새로운 AI 반도체 개발 및 생산과 데이터센터 구축 비용, AI 데이터센터에 들어갈 엄청난 규모의 전력 시설 구축 비용 등이 모두 여기에 포함됐다.

이를 위해 오픈AI는 마이크로소프트와 함께 대규모 AI 인프라 투자를 추진 중이다. 이들이 구축한 첫 AI 슈퍼컴퓨터를 공개한 시기는 2020년으로, 미국 아이오와주 웨스트 디모인 데이터센터에 AI 컴퓨터를 구축해 여기서 챗GPT를 학습시켰다. 여기에는 28만 5,000개 이상의 CPU 코어와 1만 개의 GPU가 사용됐는데, 당시 사용한 GPU는 이전 모델인 V100이었다.

마이크로소프트와 오픈AI는 다음 단계로 2026년 완료를 목표로 위스콘신주에 AI 슈퍼컴퓨터 클러스터를 또 구축하고 있다. 약 100억 달러가 투자된 사업이다. 하지만 진짜 슈퍼 클러스터는 '스타게이트Stargate'라는 이름의 슈퍼컴퓨터를 기반으로 구축될 예정이다. 테크 전문 매체 디인포메이션은 2028년 완공 목표인 이 데이터센터에 무려 1,000억 달러가 투자될 것이라고 보도하기도 했다.

케빈 스콧Kevin Scott 마이크로소프트 CTO는 바다 생물에 비

그림 5-13 | AI 데이터센터와 슈퍼컴퓨터 클러스터의 규모 비교

케빈 스콧 마이크로소프트 CTO는 AI 데이터센터와 슈퍼 컴퓨터 클러스터의 차이를 상어와 대왕고래에 비교해 설명했다.

출처: 마이크로소프트

유해 이 AI 데이터센터와 슈퍼컴퓨터 클러스터의 규모를 설명한 적이 있다. 2020년 만들어진 AI 데이터센터는 상어 크기였다. 그리고 이후 만들어진 데이터센터는 범고래 정도 크기였고, 2026년 완료되는 데이터센터는 대왕고래 크기로 비유했다(그림 5-12 참조). 2028년 만들어진다는 스타게이트는 그렇다면 얼마나 어마어마한 규모가 될까. 스타게이트가 사람의 능력을 훨씬 뛰어넘는 일반인공지능AGI를 구축하기 위해 쓰일 것이라는 얘기가 나오는 이유다.

2026년 위스콘신주의 데이터센터에는 엔비디아의 GPU가 사용되는 것이 확정됐다. 하지만 2028년 스타게이트에는 엔비디아의 GPU가 100% 사용된다는 보장이 없다. AMD나 인텔 제품이

들어올 수도 있고, 마이크로소프트가 자체 개발한 AI 반도체가 사용될 수도 있으며 혹은 새로운 스타트업의 AI 가속기가 사용될 수도 있다. 오픈AI가 어떤 반도체를 사용하기로 결정하느냐에 따라 향후 엔비디아의 비즈니스에 심각한 타격이 갈 수도 있다.

막강한 생태계를 가진 애플의 도전과 온디바이스 AI

2024년 5월 초, 〈월스트리트 저널〉을 통해 깜짝 놀랄 소식이 전해졌다. 바로 애플이 데이터센터용 AI 반도체를 직접 만들고 있다는 내용이었다. 애플이 반도체를 직접 만들고 설계한 지는 벌써 10년 이상 되었지만 데이터센터용 반도체를 만든 것은 이번이 처음이다. 블룸버그의 후속 보도에 따르면 애플은 이르면 2024년부터 자신들이 설계한 AI 반도체가 탑재된 데이터센터를 통해 고객들에게 AI 서비스를 제공할 예정이라고 전했다.

애플이 구글, 아마존, 마이크로소프트처럼 자체 AI 반도체 개발에 나서면서 엔비디아와 직접 경쟁하는 위치에 서게 된 것이다. 애플은 왜 갑자기 AI 반도체를 직접 만들기로 한 것일까? 이를 위해서는 '온디바이스^{On-Device} AI'라는 개념을 이해해야 한다.

AI 대중화의 관건, 온디바이스

온디바이스 AI와 반대되는 개념은 클라우드 AI다. 클라우드 AI는 생성형 AI를 데이터센터에 있는 엔비디아의 GPU를 통해서 작동(추론)시키는 것을 말하는데, 쉽게 말해 인터넷을 통해서 AI를 사용한다고 이해하면 된다. 요즘 모든 스마트폰이나 PC들은 24시간, 365일 인터넷에 연결되어 있기 때문에 클라우드 AI가 당연하게 느껴질 수 있다. 그런데 실제로는 데이터센터까지 가지 않고 스마트폰이나 PC의 반도체를 가지고 AI를 사용하는 경우도 매우 많다.

대표적인 것이 스마트폰 카메라다. 사진을 찍으면 AI가 이를 자동으로 보정해준다. 딥러닝 기반으로 만들어진 AI 모델이 스마트폰의 성능을 높여주는 것이다. 스마트폰의 중앙처리장치인 AP로 딥러닝 연산을 처리한다. 이 AP에 있는 AI 특화 반도체 부분을 NPU^{Neural Processing Unit}라고 한다. 애플의 스마트폰용 AP인 A시리즈, 삼성의 AP인 엑시노스, 퀄컴의 AP인 스냅드래곤 모두에 이런 NPU가 들어간다.

챗GPT 같은 생성형 AI가 등장하기 전에도 스마트폰과 PC에는 AI가 많이 사용되어 왔다. 그러나 매개변수가 매우 큰 생성형 AI는 스마트폰에서 작동시킬 수가 없다. 거대언어모델이 스마트폰의 메모리에 들어갈 수 없을 뿐만 아니라 이를 처리하는 속도도 매우 느리기 때문이다.

챗GPT 같은 챗봇, 텍스트를 입력하면 이미지를 생성해주는 등 생성형 AI의 대표적인 기능들은 그래서 데이터센터에 들어간 엔비디아 GPU를 기반으로 작동된다. 데이터센터의 GPU로 추론된 결과가 고객들에게 전달되는 것이다.

그러나 클라우드 AI에도 단점이 있다. 바로 엔비디아 GPU의 비싼 비용이다. 또 데이터센터를 운영하는데 엄청난 전력과 물이 소모된다. 내 스마트폰이나 PC에서 돌리면 무료로 사용할 수 있는데, 클라우드를 연결해서 AI를 사용하면 사용료가 발생하는 것이다. 챗GPT처럼 현재 무료로 제공되는 서비스는 사실 그 비용을 오픈AI가 부담하고 있기 때문에 가능한 일이다.

애플이 자체 AI 반도체 개발에 나선
궁극적인 이유

그런 이유로 생성형 AI가 부상하면서 스마트폰과 PC를 만드는 기업들은 이를 자신들의 기기로 가져와 차별화하는 방법을 찾기 시작했다. 가장 빨랐던 기업은 삼성전자였다. 삼성전자는 2024

그림 5-14 | 마이크로소프트가 온디바이스 AI용 코파일럿+ PC로 공개한 서피스

출처: 마이크로소프트

년 1월 갤럭시 S24를 공개하면서 갤럭시를 AI폰으로 정의하고 여러 가지 AI 기능을 공개했다. 인터넷 연결이 없어도 되는 온디바이스 AI 기능과 인터넷이 연결되어야 쓸 수 있는 클라우드 AI 기능을 모두 공개했다. 이 중 온디바이스 AI로는 직접 연구한 AI 실시간 통역을 공개했고, 클라우드 AI로는 구글의 제미나이를 파트너로 택했다. 구글도 자체 스마트폰인 픽셀에 제미나이를 탑재했다.

그렇다면 삼성 갤럭시와 경쟁하고 있는 애플의 아이폰은 어떻게 온디바이스 AI에 대응하고 있을까? 애플은 2024년 6월 세계개발자대회[WWDC]에서 애플 인텔리전스AI라는 자체 AI의 구조를 공개하면서 아이폰, 아이패드, 맥 같은 기기에서 온디바이스

그림 5-15 | 아이오와주에 위치한 애플의 데이터센터

출처: 애플

로 AI를 작동시키고, 일부는 애플의 자체 서버인 '프라이빗 클라우드 컴퓨트^{Private Cloud Compute}'(비공개 클라우드 컴퓨팅)에서 작동시키겠다고 발표했다. 하이브리드 방식을 택한 것이다. 디바이스와 서버에서 쓰이는 AI 모델도 자체 개발한 것을 공개했다. 오픈AI와 협력해 챗GPT도 사용하기로 했지만 그 용도는 매우 한정적으로 제한했다.

애플이 자체 AI 반도체를 자체 AI 서버에 탑재시키기로 결정한 것은 여러 가지 효과를 위해서다. 첫째, 고객의 민감한 개인정보를 디바이스에서 서버로 전송시키지만 안전하게 지킬 수 있다. 둘째, 자체 서버가 없는 삼성전자 등에 비해 차별화된 경쟁력을 유지할 수 있다. 마지막으로 값비싼 엔비디아의 GPU를 사용하지 않아도 된다.

애플은 직접 설계한 AI 반도체를 데이터센터에 설치하고 아이폰이나 맥으로 생성형 AI를 사용하는 고객들에게는 이 데이터센터의 AI 반도체를 사용하도록 하려는 것이다. 만약 애플의 AI 반도체가 훨씬 빠르고 우수한 성능을 보여준다면 경쟁 제품과 확실한 차별화가 될 수 있을 것이다.

온디바이스 AI와 SLM의 증가가
엔비디아에 미칠 영향

애플이 온비다이스 AI에 최적화시켜 만든 AI는 최근 업계에 불고 있는 AI 트렌드의 변화를 보여준다. 이 소규모 AI는 AI 비서인 시리Siri를 업그레이드하는 것부터 시작해 애플 생태계 전반에 큰 변화를 가져올 것으로 보인다.

작은 규모의 LLM은 소형거대언어모델sLLM 혹은 소형언어모델SLM이라고 불린다. GPT나 제미나이가 너무 거대해서 온디바이스에서는 작동시키기 어렵기 때문에 아예 모델을 작게 만드는 방식이다. LLM을 만드는 기업들은 이러한 온디바이스 AI를 구축하기 위해 아예 별도의 작은 모델을 내놓고 있는데, 구글 제미나이의 소규모 모델인 '제미나이 나노Gemini Nano'가 대표적이다. 구글의 또 다른 오픈소스 모델인 젬마Gemma는 가장 작은 모델의 매개변수가 20억 개다.

마이크로소프트는 파이^{Phi}라고 하는 소규모 오픈소스 모델을 내놓고 있는데 가장 작은 파이-3 미니의 경우 매개변수의 숫자가 38억 개에 불과하다. 메타는 라마-3를 크게 세 가지 버전으로 내놓고 있는데 가장 작은 모델이 80억 개의 매개변수를 가지고 있다. 오픈AI 경쟁사인 앤스로픽의 클로드는 하이쿠^{Haiku}라는 가장 소규모 모델을 가지고 있다.

이런 SLM이 늘어나고 사용자가 많아지는 것, 그리고 온디바이스 AI가 늘어나는 것은 데이터센터에 들어가는 AI 반도체를 만드는 엔비디아에게는 장기적으로 좋지 않다. 모델이 작아지고 스마트폰 등의 기기에서 AI를 작동하게 되면 엔비디아 AI 반도체에 대한 수요가 그만큼 줄어들 수밖에 없기 때문이다.

뿐만 아니라 데이터센터에 애플이 만든 반도체가 들어가는 것도 위협으로 작용한다. 이미 구글, 마이크로소프트, 아마존이 자체적인 AI 반도체를 만들어서 위협을 느끼고 있는데 애플까지 자체 AI 반도체를 만들어버리면 엔비디아의 시장은 그만큼 줄어들 수밖에 없기 때문이다. 특히 애플은 전 세계에서 가장 많은 IT 기기를 판매하고 있는 B2C 회사다. 다시 말해 이 기기로 AI를 사용할 때마다 데이터센터의 AI 반도체에서 추론 작업이 이뤄지는데, 그것이 엔비디아의 GPU가 아니라 애플의 AI 반도체를 사용하게 된다는 의미다. 급성장하는 AI 시장에서 한 발 늦게 출발한 애플이지만, 그들의 추격이 장기적으로는 엔비디아에게 큰 위협으로 작용할 수 있는 이유다.

한국산
AI 반도체가
나오기 어려운
이유

지금까지 엔비디아의 시장 지배를 위협하고 있는 여러 경쟁 기업들과 그들이 현재 개발 중인 AI 반도체에 대해 알아보았다. 이쯤 되면 한국인으로서, 그리고 투자자로서 삼성전자는 왜 이 엄청난 시장에서 그만큼 활약하지 못하고 있는지 궁금할 것이다. 삼성전자는 엔비디아에 HBM을 공급하는 것만으로 만족해야 할까? 앞으로 어마어마하게 커질 AI 반도체 시장에서 조금이라도 점유율을 차지할 수 있을까?

앞서 파트 1에서 설명한 것처럼 이는 쉽지 않을 것으로 보인다. 첫 번째 이유는 현재 삼성전자의 주력 사업이 메모리 반도체이기 때문이다. 자체 AI 반도체를 만들어서 파는 것보다는 엔비디아나 AMD, 인텔, 구글 같은 AI 반도체 기업들에게 HBM을 납품하는 것이 더 이득이다. 데이터센터용 AI 반도체를 만들면 고객과 경쟁하는 구도가 되어버린다.

두 번째 이유는 삼성전자가 스마트폰용 AP는 잘 만들지만 데이터센터용 시장에서는 아직 존재감이 크지 않기 때문이다. 어떤 점에서 보면 AI 반도체에서는 삼성전자도 스타트업과 다를 바가 없다.

2024년 3월 24일, 삼성전자는 주주총회에서 깜짝 발표를 했다. 네이버와 함께 만들고 있다는 AI 반도체인 '마하MACH'를 공개한 것이다. 얼마 후 마하의 자세한 스펙도 공개됐는데, 가장 주목할 부분은 HBM 대신 LPDDR(저전력 D램)을 사용했다는 점, 또한 AI 학습이 아닌 '추론' 시장을 타깃으로 하고 있다는 점이었다. 이는 새롭게 커지는 AI 반도체 시장에서 장기적인 관점을 갖고 삼성만의 기회를 모색하기 위한 전략적인 결정으로 보인다. 또한 구글에서 TPU를 개발한 인재를 채용해 'AGI 컴퓨팅 랩'이라는 연구소를 실리콘밸리에 만들기도 했다. 장기적으로 이 분야에 대한 연구를 계속하겠다는 선언이다.

높은 세계 시장의 벽,
삼성이 가야 할 방향은?

AI 반도체 분야는 사실 가장 많은 스타트업들이 쏟아져 나오는 분야다. 우리나라만 해도 리벨리온Rebellions, 퓨리오사 AI 같은 스타트업이 있고 SK그룹 계열사인 사피온Sapeon도 AI 반도체를 만든다. 해외에서는 그록Groq, 디매트릭스d-Matrix, 에치드Etched, 엑스트로픽Extropic, 매트엑스MatX, 세레브라스Cerebras 같은 기업들이 잘 알려져 있다. 이 같은 스타트업들도 대부분 추론 분야를 타깃으로 제품을 만들고 있다.

하지만 AI 반도체 스타트업이 성공하기란 정말 쉽지 않다. 특히 데이터센터에 들어가는 AI 반도체는 이를 사용해줄 기업을 찾아야 하는데, 그게 쉽지 않다. 이런 AI 반도체 개발 뒤에 대규모 데이터센터를 운영하는 기업들이 있는 이유다. 우리나라에서 데이터센터를 크게 운영하는 회사는 네이버 클라우드, NHN 클라우드, 카카오 엔터프라이즈, SK텔레콤, KT, LG유플러스 같은 곳이다. 네이버는 삼성전자의 AI 반도체를 사용할 예정이고, 사피온은 NHN 클라우드와 SK텔레콤에서 사용될 예정이다. KT는 리벨리온에 투자했고 카카오 엔터프라이즈는 퓨리오사 AI와 손을 잡았다.

하지만 이렇게 국내 기업을 대상으로 AI 반도체를 납품한다고 해도 시장에는 한계가 있다. 알다시피 가장 큰 시장은 해외에 있기 때문이다. 엔비디아처럼 AWS, 마이크로소프트, 구글 등 클라우드 서비스를 하는 빅테크들을 고객으로 두고 제품을 팔아야 하는데, 그들이 이미 자체 AI 반도체를 만들고 있는 상황에서 한국 기업이나 스타트업의 제품을 쓸 일은 없어 보인다.

이런 측면에서 보면 거대한 시장을 갖고 있는 중국 기업들이 현재로서는 절대적으로 유리한 상황이다. 미국 정부가 반도체 장비와 반도체의 중국 수출을 금지시키면서 중국에서 잘 팔리고 있던 엔비디아의 반도체도 수출이 어려워졌다. 미 정부가 엔비디아뿐만 아니라 AMD 반도체까지 수출을 금지시키면서 첨단 AI 반도체의 수출을 막고 있는 실정이다.

그리고 이는 중국 최대 반도체 기업이기도 한 화웨이에게 아주 좋은 기회가 되고 있다. 화웨이는 네트워크 장비와 스마트폰은 물론 반도체와 서버컴퓨터까지 직접 만드는 회사다. 화웨이의 반도체 사업은 자회사인 하이실리콘HiSilicon이 담당하고 있는데, 이들은 스마트폰용 AP(기린Kirin), AI 반도체(어센드Ascend), CPU(쿤펑Kunpeng), 모뎀칩(바롱Balong)까지 풀 라인업을 구축한 상태다. 중국 정부도 반도체 산업을 키우고자 화웨이를 적극 지원하며 힘을 실어주고 있다. 중국 최대 파운드리인 SMIC와 함께 미국의 제재에도 불구하고 기술을 발전시키고 있는 상황이다.

중국의 자체 반도체 산업이 미국의 제재에도 불구하고 이렇게 자체 생존이 가능한 이유는 그만큼 내수 시장이 받쳐주기 때문이다. 중국에서 만들어져서 중국 내에서 소비되는 수많은 스

그림 5-16 | 화웨이의 AI 반도체로 구축된 AI 슈퍼컴퓨터

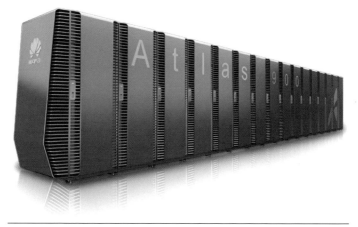

마트폰과 서버컴퓨터만 해도 그 시장 규모가 어마어마하다. 알리바바 클라우드, 텐센트 클라우드 같은 중국 빅테크 기업이 설립한 클라우드 회사들은 중국 시장에서만 활동하는데도 규모로는 이미 세계적인 기업이 됐다. 중국 내에서 AI 반도체를 납품하기만 해도 충분히 큰 매출이 나오고 이를 바탕으로 기술 개발을 할 수 있는 것이다. 미국이나 중국 기업이 아니면 AI 반도체를 개발한다고 해도 세계 시장을 공략하기가 어려운 이유를 여기서 찾을 수 있다.

이런 측면에서 보면 삼성전자도 스타트업과 같은 접근을 해야 한다. 데이터센터를 운영하는 한국 기업과 손을 잡아야 하고,

네이버나 카카오처럼 자체 AI 모델을 개발하는 기업과 손잡아야 한다. 장기적으로는 알리바바, 텐센트가 퍼블릭 클라우드 사업을 키우는 것처럼 삼성전자도 퍼블릭 클라우드 사업을 하는 기업과 손을 잡거나 직접 퍼블릭 클라우드 사업에 뛰어들어야 할 것이다. 엔비디아의 가장 큰 고객이 퍼블릭 클라우드 사업을 하는 빅테크들이라는 점을 감안해보면 답은 정해져 있다. 최고 성능의 반도체를 만드는 것으로 끝이 아니라 이를 사용하는 고객과 밀착해서 전체 클라우드 시장의 파이를 키워야만 지속적으로 AI 반도체에 대한 수요를 만들어낼 수 있다. 삼성전자 내부의 AI 인프라 수요, 갤럭시 스마트폰의 AI 수요를 끌어와야 하는 것은 물론이고 말이다.

해외
전문가들의
투자 전망

2024년만 놓고 보면 엔비디아 한 종목이 미국 전체 테크 주식시장을 이끌어왔다고 해도 과언이 아니다. 엔비디아를 투자 포트폴리오에 넣었는지 넣지 않았는지가 기관 투자자들의 수익률에 절대적인 차이를 가져왔을 정도다.

2024년 6월 13일 기준, 엔비디아를 분석하는 55개 월가의 투자은행 중 42곳이 엔비디아에 대해서 '스트롱 바이Strong Buy' 의견을 내고 있다. '바이Buy'는 아홉 곳, '비중 유지Hold'는 단 네 곳에 불과하다. 이들의 목표 주가는 분할 후 기준 124.83달러로 현재 주가보다 더 낮다. 엔비디아의 주가가 너무 급격하게 오르면서 목표 주가가 오히려 더 낮아지는 기현상을 보이고 있는 것이다.

특히나 2024년 6월 10분의 1로 주식 분할이 이뤄지면서 개인 투자자들의 관심이 높아지고 있다. 나스닥에 따르면 엔비디아 상장주식의 67%는 기관 투자자들이 소유하고 있다. 엔비디아 임원 등 개인이 3.96%를 소유하고 있고 개인 투자자의 비중은 28.9%다. 개인 투자자 비중이 42.56%에 달하는 테슬라와는 큰 차이를 보인다. 애플(38.16%)보다는 엔비디아가 개인 투자자 비중이 좀 더 낮고 메타(19.12%)보다는 좀 더 높다. 주식 분할로 향후에는 개인 투자자 비중이 확실히 늘어날 것으로 예상된다.

2030년에는 기업가치가 10조 달러로?

엔비디아에 대해서 가장 공격적인 투자 의견을 밝히는 해외 투자자는 기술주 중심의 운용사인 I/O 펀드의 베스 킨디그^{Beth Kindig}다. 2024년 5월 29일 그는 CNBC와의 인터뷰에서 엔비디아의 기업가치가 10조 달러까지 갈 수 있다고 전망했다. 물론 이는 몇 개월 후가 아닌 2030년을 기준으로 한 예측치다. 5~6년 후에는 현재의 주가에서 세 배 정도 오른다고 본 것이다.

그의 이런 전망은 전체 데이터센터 시장의 성장과 그 커지는 파이의 상당 부분을 엔비디아가 차지한다는 전망에 기초하고 있다. 킨디그는 2024년 엔비디아가 내놓은 신제품인 블랙웰

GPU가 2026년 회계연도 말까지 이전 모델인 H100을 능가하는 2,000억 달러의 데이터센터 수익을 창출할 것으로 예상했다. 그는 "블랙웰은 1조 달러 이상의 거대언어모델을 지원하고 가능하게 할 것이며, 이는 바로 빅테크가 지향하는 방향성이다. 엔비디아는 데이터센터 하드웨어 부문을 매우 큰 파이로 차지할 것이고 소프트웨어, 자동차 부문에서도 수익을 계속해서 낼 것이다. 지금 엔비디아는 (성장의) 매우 초기 단계에 있다"고 말했다. 그가 이렇게 확신을 가지는 이유는 엔비디아가 GPU 비즈니스에서 다른 기업들은 '뚫을 수 없는 해자'를 가지고 있다고 생각하기 때문이다.

킨디그는 AI 데이터센터 시장의 규모가 2027년 4,000억 달러, 2030년 1조 달러로 성장하리라 예상했고, 이 시장의 대부분을 AMD나 인텔이 아닌 엔비디아가 차지할 것이라고 봤다. 그는 "CUDA 소프트웨어 플랫폼은 개발자가 AI 개발을 위해 공부하는 플랫폼이다. 개발자들이 아이폰용 애플리케이션을 개발할 때 iOS가 사람들을 아이폰에 락인lock-in시키는 것과 비슷하다. 엔비디아에서도 같은 일이 일어나고 있는데, AI 엔지니어가 GPU를 프로그래밍하기 위해 배우는 것이 바로 CUDA 플랫폼이며, 이것이 그들을 생태계에서 빠져나오지 못하게 하는, 즉 뚫을 수 없는 해자가 되고 있다"고 설명했다. 킨디그는 아마존이나 알파벳과 같은 빅테크 기업이 내부적으로 개발 중인 AI 반도체도 엔비디아와 직접 경쟁하지는 않을 것으로 봤다.

미국 투자은행 모건스탠리Morgan Stanley의 반도체 애널리스트 조셉 무어Joseph Moore는 오랫동안 엔비디아에 대해 긍정적인 투자 전망을 유지해오면서 명성을 얻었다. 그는 2024년 4월 CNBC 와의 인터뷰에서 "AI 산업에서 엔비디아는 다른 기업들을 압도하는 강력한 위치를 차지하고 있다. 인텔이 엔비디아의 H100을 벤치마킹해 '가우디3'를 출시했지만 엔비디아는 곧바로 후속 제품인 블랙웰을 내놓으면서 고객의 이탈을 막았다"고 설명했다.

그는 지금 엔비디아의 주가가 1998년 닷컴 버블 때와 비슷하지 않느냐는 질문에 대해 "하이퍼스케일러들의 AI 투자 계획이 2028년까지 잡혀 있고 그 가시적인 전망은 더 좋아지고 있다"며 닷컴 버블과의 비교를 일축했다. 다만 "이런 AI 모델을 만드는 기업들이 통합을 거치며 줄어들 가능성은 지켜봐야 한다"고 조언했다.

또한 그는 업계 2위로 추격 중인 AMD는 엔비디아의 경쟁자가 되지 못할 거라 전망했다. 엔비디아에 도전하기에는 생태계 구축부터 기술까지 부족한 부분이 너무 많다는 것이 그 이유였다.

국내 투자자 사이에서도 유명한 '돈나무 언니' 캐시 우드Cathie Wood 아크 인베스트ARK Invest CEO는 엔비디아에 매우 긍정적이었다가 일찍 엔비디아 주식을 팔아서 손해를 본 대표적인 투자자 중 한 명이다. 비트코인 주가가 폭등하며 채굴을 위해 GPU 수요가 늘고 덩달아 엔비디아 주가가 많이 오를 때 투자했던 아크 인베스트는 지난해 보유한 엔비디아 지분을 대부분 매각했다.

아크 인베스트는 2014년 엔비디아 주가가 4달러일 때(6월 분할 전 기준) 매입해서 400달러에 달할 때 대부분 매각한 것으로 알려져 있다. 분할 전 기준 주가가 1,200달러까지 올랐던 것을 감안하면 상당한 규모의 수익을 놓친 것이다.

캐시 우드는 2024년 6월 6일 블룸버그와의 인터뷰에서 "엔비디아가 계속 잘 나가고 있기 때문에 여기서 수혜를 받는 회사를 살펴보기 시작하면서 손을 뗐다"고 설명했다. 엔비디아가 이미 주가가 많이 올랐다는 판단 때문에 팔았다는 얘기였다. 그러면서 그는 엔비디아가 상당한 수준의 조정을 겪지 않으면 다시 투자하지 않을 것이라는 의견을 밝혔다. 하지만 엔비디아를 너무 일찍 매도해버린 것은 그의 투자에서 가장 치명적인 실수 중 하나로 남을 것으로 보인다.

월가에서 가장 유명한 한국계 투자자인 펀드스트랫Fundstrat의 톰 리Tom Lee 매니징 디렉터는 6월 CNBC와의 인터뷰에서 "엔비디아는 세대를 대표하는 성장 스토리를 가진 기업이다. 3조 달러 가치의 기업이 실제로 두 배 성장을 보인 경우는 지금까지 없었지만 엔비디아는 성장했다. 엔비디아는 AI라는 트렌드에 투자하기 위한 가장 좋은 기업이고, AI는 생산성 향상의 초기 단계에 있다"고 말했다. 톰 리는 지금 시장이 마치 엔비디아 주식 한 개밖에 없는 시장처럼 느껴질 것이라고 말하기도 했다.

너무 높은 밸류에이션,
추진력은 곧 사그라들 것이다?

엔비디아의 기업 실적과 무관하게 높은 밸류에이션에서 오는 투자 위험을 지적하는 전문가들도 당연히 존재한다. 특히 1999년 시스코와의 비교가 엔비디아의 뒤를 꼬리표처럼 따라 다닌다. 데이비드 반센David Banshen 반센 그룹 매니징 파트너는 5월 폭스 비즈니스와의 인터뷰에서 "엔비디아는 언젠가 시스코처럼 주가가 내려갈 것"이라면서 "매출과 실적 성장을 한 기업들도 언젠가는 정상적인 밸류로 돌아가야 한다는 것을 투자자들도 깨닫게 될 것"이라고 말했다. 그는 "많은 투자자들이 닷컴 버블 당시 시스코가 85달러일 때 투자했고, 시스코의 실적은 그 이후로도 계속 좋아졌다. 하지만 지금 시스코 주가는 50달러에서 움직이고 있고, 이는 회사와는 아무 관련이 없는 밸류에이션의 문제"라고 평가했다.

DA 데이비슨D.A. Davidson의 애널리스트인 길 루리아Gil Luria도 엔비디아의 주가 급락을 예상하는 인물이다. 다만 그는 2024년이 아닌 2026년까지의 하락세를 점치고 있다. 그는 2024년 5월, 향후 1년 반 동안 엔비디아의 주가가 20%까지 하락할 것으로 본다고 '비즈니스 인사이더Business Insider'와의 인터뷰에서 밝혔다. 분할 후 주가 기준으로 2026년에는 주가가 90달러까지 떨어질 수 있다는 것이다.

그는 "2026년 엔비디아에 대한 나의 예상치는 업계에서 가장 낮은 수치"라면서 "엔비디아의 단기 전망은 놀라울 정도로 좋지만 장기 전망은 아마도 시장 대부분의 예상보다 더 나쁠 것"이라고 설명했다. 루리아는 이미 자체 AI 칩을 개발 중이거나 다른 파트너에 투자하고 있는 메타, 알파벳, 아마존과 같은 빅테크 기업들이 엔비디아의 최대 고객이기 때문에 시간이 지나면서 엔비디아에 대한 의존도가 낮아질 것이라고 예상한다고 밝혔다. 그리고 "(엔비디아 의존도가 낮아지는 데에는) 시간이 걸릴 뿐이다. 소프트웨어를 만들고 고객이 대안에 익숙해지는 데 시간이 걸리기 때문에 2024년에는 불가능한 일이다. 하지만 향후 1~2년 동안 이는 엔비디아 사업에 훨씬 더 많은 영향을 미칠 것"이라고 분석했다.

국내 애널리스트의 투자 전망

한국의 전문가는 엔비디아를 어떻게 보고 있을까?

현대차증권 애널리스트 곽민정 위원에게 엔비디아와 반도체 산업 전반에 대해 물었다. 곽 위원은 스몰캡(소형주) 부문에서 2023년 '매경 베스트 애널리스트'로 선정되었고, 현재 한미반도체를 비롯해 반도체 장비주를 커버하고 있다. 한미반도체는 HBM 후공정에서 사용되는 열압착TC 본더를 만드는 장비 기업으로, SK하이닉스에 납품하고 있는데 최근 1년간 주가가 564% 올랐을 정도로 엔비디아 주가 폭발의 수혜를 가장 많이 받은 국내 기업 중 하나다. 아래는 곽 위원과의 일문일답이다.

Q(이덕주 기자) | 위원님은 엔비디아라는 회사를 어떻게 보고 계시나요?

A(곽민정 애널리스트) | 엔비디아는 AI 가속컴퓨팅의 지속적인 변화를 추구하고 있고, 단순히 반도체 칩 제공업체가 아닌 AI 가속컴퓨팅 플랫폼 기업인 점을 고려할 때 압도적인 경쟁력을 가지고 있는 회사입니다.

잘 알려진 바와 같이 엔비디아는 2006년 GPU를 탑재한 게임용 그래픽 카드를 개발하는 과정에서 반복 연산에 효율적인 GPU를 다양한 용도로 사용할 수 있다고 보고 100억 달러(약 14조 원)을 들여 소프트웨어인 CUDA를 개발해 무료로 배포했습니다. 결과적으로 AI, 자율주행, 스마트 팩토리 등 수많은 데이터를 처리해야 하는 개발자들이 CUDA를 사용하게 됐지요. 그런데 CUDA로 만든 프로그램은 엔비디아 GPU에서만 구동하기 때문에 CUDA 사용이 확대될수록 GPU 판매량이 늘어납니다. 엔비디아는 지난 5년간 총 2905.8%의 주가 상승률을 보이고 있고, 전 세계 AI GPU 시장 점유율은 2023년 기준 65%에 달합니다.

젠슨 황이 2024년 SIEPR^{Stanford Institute for Economic Policy Research} 경제 서밋에서 "경쟁사가 무료로 칩을 뿌린다고 해도 엔비디아 AI 가속기를 이길 수 없다. 경쟁사와 비교해 엔비디아 GPU 가격이 비싸더라도 데이터센터 인프라 구축 비용, 관리 비용 등 데이터센터 운영 측면에서 따지면 엔비디아 제품의 경쟁력을 따라오기 어렵다"라고 했습니다. 이 말은 현재 AI 생태계에서 가장 정점에 있는 엔비디아의 위치를 잘 표현해주는 말이라고 생각합니다.

엔비디아는 최근 동남아에 AI 인프라를 구축하려는 시도를 한다고 합니다. 또한 AI 분야를 넘어 다른 산업군으로도 비즈니스를 확장하고 있는데요. 로보틱스, 자율주행, 물류, 바이오까지 다양한 기업들과 협업하고 정부 기관과도 협력하고 있습니다. 앞으로의 변화와 미래가 기대됩니다.

Q 엔비디아 이야기에서는 CUDA를 빼놓을 수 없는데요.

A CUDA는 사실상 업계 표준이 되었는데 CUDA 출시와 동시에 개발자를 위한 매뉴얼을 공개하고, 커뮤니티를 활성화시키고, 마케팅 엔지니어들을 통해 홍보와 고객 지원을 나섰습니다. 또한 CUDA를 주요 대학 컴퓨터공학과 커리큘럼에 필수코스로 넣었지요. 20년 넘게 다방면에서 CUDA를 활용한 것입니다.

최근 전용 AI 가속기, NPU 개발 업체들이 엔비디아의 CUDA를 국산화하겠다라고 하지만 쉽지 않은 이유도 이러한 CUDA의 장악력 때문입니다. 수십 년 동안 CUDA 코드를 사용해온 소프트웨어 개발자들에게 CUDA가 아닌 다른 것을 쓰라는 것은 거의 불가능에 가깝다고 볼 수 있죠.

그리고 엔지니어들을 만나 이야기를 해보면 다들 비슷한 반응을 보이는 데요. AMD의 GPU를 사용하려면 기존에 CUDA에서 사용하던 소프트웨어를 최적화시켜야 해서 엄청 짜증이 난다고요. 한국에서는 AMD가 2위로 인지되고 있는데, 사실 엔비디아와 AMD의 격차가 엄청납니다. 시가총액으로 보면 엔비디아는 약 3조 달러로 AMD 시총(2,621억 달러)의 11.4배에 달합니다. 그래서 엔지니어들이 회사에 AMD의 제품을 쓰지 말고 그냥 엔비디아의 새로운 칩이 나올 때까지 기다리자고 건의했다고 합니다. 이는 한국 시장에서 보는 것과 많이 다르죠. 엔지니어가 그렇게까지 말했다는 것은 그만큼 엔비디아에 대한 로열티가 크고, 현재 CUDA라는 강력한 해자를 깨트릴 경쟁자가 없다는 뜻입니다.

Q | 엔비디아에 좋은 인력들도 몰리고 있다고 합니다.

A | 가장 뛰어난 엔지니어들이 엔비디아를 선호하고 있습니다. 과거에는 애플이나 구글에 최고의 엔지니어들이 몰렸다면 지금은 1군 엔지니어들이 엔비디아로 먼저 지원을 하고 있어요. 이런 엔지니어들을 확보했다는 것이 엔비디아의 또 다른 강력한 해자라 할 수 있습니다.

2021년 이후 엔비디아는 미국 대학 졸업생들이 가장 일하고 싶은 기업 1~2위를 기록하고 있습니다. 스탠퍼드대, MIT 등의 유수 대학과의 장학 프로그램, 산학 협력 프로젝트들을 통해 학계에서도 최상위권의 연구 인력들을 확보하고 있습니다. 그리고 단순히 연구에 그치는 것이 아니라 이를 사업화 수준까지 올리는 데브텍[DevTech]이 존재합니다. 대부분의 테크 기업들은 연구원들이 기술과 이론을 논문으로만 퍼블리싱하고, 이를 사업부로 이관하는 부분이 약한데(이미 자기가 해야 할 일만 하기도 바쁜데, 연구 수준을 사업화하기 귀찮아 하죠) 하지만 엔비디아는 리서치 → 최적화 → 사업화 → 마케팅에 이르는 과정이 매우 잘 구축되어 있어 의사 결정에서 실행까지 단기간 내에 이루어집니다. 또한 앞서 언급한 CUDA가 있습니다.

Q 그렇다면 엔비디아의 리스크는 무엇인가요?

A 자체 리스크보다는 매크로 리스크가 더 크다고 봅니다. 경기가 침체되면 빅테크 기업들의 설비투자가 줄어들 수 있기 때문이에요. 하지만 기업이나 정부가 어디에 우위를 두느냐를 생각해보면 결국 AI에 대한 투자는 계속될 것이라고 봅니다.

Q 국내 투자자들이 점점 더 많이 엔비디아에 관심을 갖고 있는데요.

A 엔비디아의 말 한마디에 삼성전자와 하이닉스의 주가가 움직이기 시작했습니다. 과거 테슬라와 일론 머스크에 관심을 갖는 것처럼 이제 국내 투자자들도 젠슨 황 CEO의 일거수일투족에 관심이 많아졌는데요. 그만큼 엔비디아가 뜨겁다는 의미입니다.

코로나19 이후 2020년 3월 주가 대폭락이 전 세계적으로 발생한 후 양적완화와 초저금리에 따른 유동성이 넘쳐나면서 주식시장이 반등하기 시작했습니다. 동시에 국내 투자자들이 미국 기업들 특히 애플, 테슬라 등에 투자하기 시작하면서 서학개미가 특히 주목받았죠. 이 중 테슬라는 서학개미들이 가장 많은 돈을 투자한 기업이 됐으며 실제로 2020년 테슬라의 주가가 폭등해 S&P 500에도 편입되어 시가총액 5위를 차지하기도 했습니다. 이러면서 서서히 애플이나 테슬라 외의 해외 기업들에 국내 투자자들이 관심을 갖기 시작했고, 그중 한 기업이 엔비디아였습니다.

고성능 반도체, 특히 AI와 데이터센터용 칩에 대한 수요가 급증하면서 엔비디아는 급격한 성장세를 보였고, 이는 삼성전자와 SK하이닉스와 같은 국내 반도체 제조업체들에게 큰 기회가 되었습니다. 그리고 엔비디아의 말 한마디에 삼성전자와 SK하이닉스의 주가가 움직이기 시작했죠.

SK하이닉스는 엔비디아에 고성능 D램 반도체인 HBM3E를 독점 공급하고 있습니다. 엔비디아의 실적은 SK하이닉스의 실적과 주가 상승에 큰 기여를 하고 있습니다. 또한 엔비디아의 성공은 한미반도체와 같은 국내 장비 업체들의 밸류에이션 리레이팅에도 긍정적인 효과를 주고 있습니다.

미국 주식에 직접 투자를 하는 투자자, 그리고 그 기업에 영향을 받는 국내 주식에 투자하는 투자자 모두에게 엔비디아는 중요한 기업이 된 셈입니다.

Q 엔비디아와 함께 SK하이닉스도 많이 부상했습니다.

A 기존 AMD가 양산 검증해준 HBM은 2016년 엔비디아가 서버용 GPU P100에 탑재하면서 적용되었습니다. 당시 PC용 그래픽 카드 대신 HBM을 서버용에 채택하게 되었는데, SK하이닉스가 독자적

인 기술을 적용한 HBM2E를 납품하게 되었고, 2022년 챗GPT 시장이 개화하면서 AI 서버 시장에서 SK하이닉스의 입지가 강화되었습니다. SK하이닉스의 HBM 영업이익률이 60%를 넘을 정도로 높고, 실제로 경쟁사들이 하이닉스의 기술력을 따라잡을 수는 없다고 봅니다.

그리고 컴퓨텍스에서 엔비디아가 제시한 신제품 로드맵을 살펴보면 SK하이닉스의 로드맵이 동일한 시차로 움직인다는 것을 알 수 있습니다. 이는 엔비디아와 SK하이닉스, TSMC까지 서로 커뮤니케이션이 끝났다는 얘기죠. 과거 삼성전자의 HBM 부서가 해체되면서 많은 인력이 SK하이닉스로 넘어갔기 때문에 SK하이닉스를 따라잡기는 어려울 것이라고 봅니다.

HBM4로 넘어가면 칩의 성능을 최적화하고 전력 소모를 줄이기 위해 칩을 수직으로 쌓아 올리는 3D 패키징 기술이 도입되고 이를 위해 TSMC와 협력하게 됩니다. 엔비디아-TSMC-SK하이닉스의 동맹체제가 더욱 강력해질 것으로 전망되면서 큰 변수가 없다면 미래가 SK하이닉스에게 유리하게 전개될 것으로 기대됩니다.

Q | HBM은 얼마나 중요한 기술인가요?

A | 미국 정부는 HBM에 대해 어떤 로드맵을 가지고 있을 정도로 이를 아주 많이 중요한 기술로 보고 있습니다. 마이크론이 보조금을 받아서 이를 생산 시설 건축에 쓰고 있죠. SK하이닉스가 미국 내에 HBM용 최첨단 패키징 팹을 만드는 것도 이런 측면에서 나왔다고

봅니다. 미 정부가 마이크론도 그만큼 키워주려고 하는 노력을 보이고 있고, 큰 그림에서 HBM을 온쇼어링^{onshoring}(제조시설 등을 생산 및 서비스 제공을 위해 자국 내로 이전하는 것)하려고 한다고 봅니다.

미국은 2022년에 반도체 지원 과학법^{CHIPS Act}을 제정해서 자국 내 반도체 생산에 보조금을 지급하고 있고, 일본은 차세대 반도체 양산 지원법을, 중국은 64조 원의 반도체 펀드를 조성했습니다. 대만 역시 대만판 반도체 지원법을 제정하여 국가적으로 추진하고 있습니다.

하지만 한국은 아직 반도체 지원법조차 입법되지 않고 있습니다. 사실 이미 늦은 부분도 있습니다. 이렇게 여러 국가에서 법을 따로 제정해 만들 정도로 미래 산업에 큰 부가가치를 만들어낼 영역입니다. 우리나라도 이에 대한 시급한 대책이 필요하다고 생각합니다.

Q | 삼성전자의 HBM3가 엔비디아에 납품이 이뤄질 것이라고 보시나요?

A | 과거 삼성전자가 기회를 놓치는 바람에 시장에 진입하지 못했고, 그래서 단숨에 SK하이닉스를 따라잡기는 어렵습니다. 올해는 (엔비디아에 공급하기) 쉽지 않을 것 같습니다. 대신 삼성전자는 AMD를 파트너로 삼아 시장점유율을 확대하고자 하고 있습니다.

Q | HBM을 사용하지 않고 LPDDR5를 사용하는 다른 방식의 AI 가속기에 대한 의견은 어떠신가요.

A | LPDDR5/5X를 쓴다면 저전력은 되겠지만 HBM의 연산 속도를

따라잡기가 불가능합니다. LPDDR5X와 HBM은 모두 고성능 메모리 기술이지만, 그 용도와 특성에서 몇 가지 중요한 차이점이 있습니다. 우선 LPDDR5X는 평면 구조의 D램으로, 주로 온디바이스 AI 애플리케이션에서 저전력 소비를 목적으로 채택됩니다. 그에 비해 HBM은 여러 개의 D램을 수직으로 쌓아올린 3D 구조를 가지고 있고 주로 고성능 컴퓨팅, 데이터센터, AI, GPU에 사용됩니다. 높은 데이터 전송 속도와 저(低)지연성을 보입니다.

따라서 LPDDR5X는 저전력과 고속 데이터 처리가 필요한 모바일 및 온디바이스 AI 애플리케이션에 적합하고, HBM은 높은 대역폭과 낮은 레이턴시가 필요한 고성능 컴퓨팅 및 AI 응용 프로그램에 적합합니다. 결과적으로 LPDDR5X에 최적화된 맞춤형 제품은 만들 수 있겠지만 더 큰 시장을 공략하기는 쉽지 않을 것입니다.

Q │ 많은 사람들이 앞으로 엔비디아 주가에 대해 크게 궁금해하고 있는데요. 위원님은 어떻게 보십니까?

A │ 실적 발표 전에는 '이게 고점이 아닌가'라는 추측도 나왔지만 개인적으로는 액면 분할과 여러 가지 이슈에도 불구하고 200달러까지 갈 수 있다고 생각합니다. 엔비디아가 전체적인 산업의 헤게모니에서 주도권을 갖고 AI 플랫폼 산업을 확대하고 있기 때문입니다. 2024년 6월 말 현재는 엔비디아가 단기적으로 흔들리고 있지만 차세대 데이터센터용 그래픽 프로세서인 블랙웰 시리즈에 대한 수요가 확대되고 있고, 궁극적으로 AI 플랫폼 회사로 변화하고 있다는 점

에서 긍정적으로 봅니다.

Q | 밸류에이션이 너무 높은 것은 아닌가요?

A | 엔비디아가 가진 기술적인 우위라든지 시장 포지션이 잘 되어 있다라고 생각합니다. 밸류에이션이 고평가됐다는 얘기도 있지만 전체 AI 산업을 확대해가는 선도적인 입장과 CUDA를 이길 만한 대체재가 없다는 점에서 높은 밸류에이션은 아니라고 생각합니다. 엔비디아는 2024년 기준 PER(주가수익비율)이 45.6배입니다. 비슷한 다른 기업들(TSMC, 브로드컴, AMD, 퀄컴. 텍사스 인스트루먼트, Arm, 마이크론, 인텔)의 평균 PER이 50.4배임을 생각해보면 상대적으로 저평가되어 있다고 볼 수 있습니다.

기업명	2024년 PER(추정치)
엔비디아	45.6
TSMC	24.5
브로드컴	34.1
AMD	44.9
퀄컴	20.1
텍사스 인스트루먼트	37.2
Arm	102.5
마이크론 테크놀로지	110.9
인텔	28.9
엔비디아 제외 평균 PER	50.3875

Q 엔비디아 등 AI 관련 기업들에 투자하고 있는 많은 개인 투자자분들에게 마지막으로 하시고 싶은 이야기가 있을까요?

A 앞으로도 당분간 AI 시장에서 엔비디아와 협력, 연합한 기업들의 지배력이 유지될 것으로 보입니다. 테크 기업들은 항상 그렇듯 끊임없이 기술 변화에 적응하지 않는다면 도태되곤 합니다.

엔비디아가 얼마나 오랫동안 시장을 점유할 수 있을 것인가에 대해 주식시장은 계속 의구심을 보였습니다. 그동안 엔비디아는 새로운 시장을 창출하거나 30년이 넘는 기간 동안 새로운 GPU를 출시하면서 대중의 기대치를 상회하는 전략을 선보였지요. 단기간 조정이 있다고 하더라도 꾸준히 상승할 수 있는 해자를 보유하고 있다는 점에서 엔비디아가 AI 시장에서의 왕좌를 유지하는 데에는 무리가 없을 것이라 판단합니다. 그리고 AI 연합군들의 수혜도 지속될 것으로 전망합니다.

과연 미래는 어디로 갈 것인가?

미국에서도, 한국에서도 엔비디아에 대한 전문가들의 전망은 대체로 매우 긍정적이다. 그도 그럴 것이 1년 사이에 세 배, 5년 사이에 35배나 주가가 오른 기업에 대해서 부정적인 전망을 내놓을 수 있는 사람은 별로 없을 것이다. 제도권에 속하는 월스트리트의 투자은행이나 소규모 투자 조언을 하는 곳들도 마찬가지다. 하지만 엔비디아가 계속된 깜짝 실적으로 예측치를 능가하는 어닝 서프라이즈를 기록했어도 밸류에이션이 상당히 높은 주식에 투자하면 아무리 좋은 회사라도 손실을 볼 수 있는 것이 주식시장에서 통용되는 불변의 법칙이다.

이 책은 엔비디아라는 기업과 이에 투자하기 위해 필요한 정보를 다루지만 어느 주가에 엔비디아를 사고, 어느 주가에 팔지는 철저히 투자자 개인의 몫이다. 이 책의 내용이 여러분의 투자 결정에 부디 도움이 되었기를 바란다.

곽민정 애널리스트는 이화여자대학교 대학원과 동경대학교 대학원을 졸업하고 하나증권, 유진증권, BNK증권를 거쳐 현재 현대차증권에서 스몰캡 담당 애널리스트로 재직하고있다. 국제전자학회와 국제광학회 회원이며, 2022년 머니투데이 베스트 리포트상 수상, 2022~2023년 매경 베스트 애널리스트로 선정된 바 있다.

엔비디아의 성장이 가르쳐준 것들

엔비디아라는 회사를 우리는 어떻게 바라봐야 할까? 이 책은 엔비디아라는 한 회사를 통해 독자들에게 두 가지 시선을 제공하고자 했다.

하나는 컴퓨팅(계산)의 발전이라는 큰 그림이다. 인류가 지금처럼 눈부신 기술적 발전을 이루어낼 수 있었던 배경에는 컴퓨팅의 발전이 있었다. 3차 산업혁명에 해당하는 정보화혁명은 반도체와 이를 기반으로 움직이는 컴퓨터, 그리고 소프트웨어의 등장과 함께 시작됐다. 그동안 컴퓨팅은 반도체의 집적도를 높이는 방식으로 빨라졌는데 인공신경망의 등장으로 높아진 컴퓨팅 수요는 엔비디아 GPU처럼 병렬 처리에 강한 반도체의 성능을 높이는 것으로 해결할 수 있었다. 어느새 맞이하게 된 4차 산업혁명을 엔비디아가 더 빠르게 발전시키고 있는 것이다.

젠슨 황은 이런 컴퓨팅을 '가속컴퓨팅' 혹은 '이종컴퓨팅 Heterogenous Computing'이라고 부른다. 기존의 컴퓨팅이 CPU 하나만으로 이뤄졌다면 지금의 컴퓨팅은 데이터센터의 CPU와 GPU, DPU가 각각 자신의 역할을 수행하면서 가장 빠른 컴퓨팅이 가능해졌다. 그는 생성형 AI의 등장으로 가속컴퓨팅에 대한 수요가 폭발적 증가할 것이라고 보았고, 이 문제를 해결하기 위해서는 반도체 하나가 아닌 반도체가 들어가는 서버컴퓨터의 성능이 좋아져야 하며, 궁극적으로는 이 서버컴퓨터 수백 대를 연결한 데이터센터의 성능이 높아져야 한다고 생각했다. 그렇게 그는 자신의 예측을 현실로 만들어냈다.

이 책을 여기까지 읽은 독자라면 이제 알고 있겠지만, 엔비디아는 이제 더 이상 반도체 기업이 아닌 '데이터센터 기업'이라고 부르는 것이 적절하다. 엔비디아는 반도체 성능이 벽에 부딪힌 이후의 단계인 양자컴퓨터도 이미 준비하고 있다. 지금까지의 상황으로만 본다면 엔비디아의 미래는 앞으로도 밝을 것이다. 인류의 기술 발전은 컴퓨팅의 발전과 함께 이뤄졌고, 지금 그 컴퓨팅을 선도하는 기업이 엔비디아이기 때문이다.

미국을 대표하는 기업인이자
전 세계가 사랑하는 슈퍼스타

다른 하나의 시선은 젠슨 황이라는 한 인물의 '아메리칸 드림 스토리'를 보는 것이다. 대만에서 온 이민 1.5세대로 그는 밑바닥에서부터 차근차근 지금의 자리에 올랐다. 가난한 이민자 집안 동양인이었고 미국 최고의 명문 대학교가 아닌 오레곤주의 주립대를 나왔다. 창업을 한 후에도 성공에 도달하기 위해 수많은 좌절을 겪었고, 반도체 업계에서도 1군 기업이 아닌 주변부에 항상 머물렀다. 냉정하게 말하자면 엔비디아가 지금과 같이 반도체 업계의 중심에 선 것은 5년도 채 되지 않은 일이다.

그런 고난과 역경을 거치고 엔비디아는 전 세계 기업 시가총액 1위를 기록했고, 젠슨 황은 전 세계 부자 20위 내에 이름을 올렸다. 이는 그 자체로 인간 승리이자 오직 미국에서만 가능한 '아메리칸 드림'이기도 하다.

그는 미국을 대표하는 기업인이면서 고국 대만에서 사랑을 받는 슈퍼스타다. 반도체뿐 아니라 테크 업계 전체가 그를 존경하고 사랑한다. 일론 머스크나 마크 저커버그가 팬만큼이나 많은 안티를 몰고 다니는 것과 달리 젠슨 황은 적이 많지 않다. 실력과 겸손, 유머를 두루 갖춘 데다가 자신을 찾는 곳이면 어디든지 달려가는 그의 소탈한 성품 때문이다.

지적인 정직성이 있는 곳

마지막으로 엔비디아라는 기업에게서 한국 기업이 배울 수 있는 점은 무엇인지를 한번 생각해보았다. 앞서 얘기한 대로 엔비디아는 동아시아 기업과 실리콘밸리 기업의 문화를 장점만 섞은 회사다. 창업 이후 30년 넘는 세월 동안 단 한 번밖에 대규모 구조조정을 하지 않았으며 위기경영과 속도경영으로 유명하다. 회사의 모토가 '우리는 앞으로 30일 내에 망할 수 있습니다'일 정도로 항상 비상 상황을 대비한다.

구조조정을 하지 않는 문화, 위기경영과 속도경영. 확실히 한국의 기업과 비슷한 면모가 존재한다. 엔비디아에는 지금 젠슨 황의 아들과 딸이 일하고 있기도 하다. 외부에서 경력을 쌓은 두 사람은 몇 년 전부터 엔비디아에 합류해서 직원으로 일하고 있다. 이들이 과연 젠슨 황의 뒤를 이어 엔비디아를 경영하게 될지는 알 수 없는 일이지만, 이마저도 동아시아 기업들과 비슷한 부분이다. 그렇다면 이처럼 한국 기업과도 유사한 엔비디아가 결정적으로 한국 기업과 다른 점은 무엇일까? 즉, 실리콘밸리에서 가져온 부분은 무엇일까?

젠슨 황은 '지적인 정직성Intellectual Honesty'을 자주 언급하곤 한다. 그가 말하는 지적인 정직성이란 진실을 추구하고, 실수에서 배우고, 배운 것을 공유하는 것이다. 많은 고위 경영진들이 높은 자리에 올라가면 자신이 듣고 싶은 얘기만 듣고, '진실'을 알리려는 참모를 내치는 경우도 많다. 젠슨 황은 이런 문화를 크게 경계하며 모든 정보를 평등하게 공유하고, 사실을 바탕으로 결과를 만들어내기 위해 노력한다. 정직성은 경영자뿐 아니라 기술을 개발하는 엔지니어들에게도 아주 중요한 덕목이다. 엔비디아에는 리더부터 실무자까지 자연스럽게 이 문화가 녹아 들어가 있다.

주식투자가 아니라 엔비디아라는 기업과 젠슨 황에 대해서 알고 싶어서 이 책을 읽게 된 독자가 있다면 '지적인 정직성'이라는 단어를 꼭 기억해줬으면 좋겠다. 실리콘밸리에서 여러 기업을 취재하며 느끼는 가장 중요한 덕목이자, 우리나라 기업들에게 꼭 필요한 부분이라는 것을 자주 느끼고 있다.

책을 쓰는 일은 '지적인 정직성'을 유지하기 위한 끊임없는 노력이었다. 이를 유지할 수 있도록 많은 도움을 주신 편집자와 출판사에게 감사의 말씀을 드리고 싶다. 더 많은 시간을 투자해 엔비디아에 대해서 취재하고 공부했어야 했는데 일과 집필을 병행한다는 것이 생각보다 쉽지 않았다. 책을 쓸 수 있도록 많은 시간을 허락해준 아내와 아들, 그리고 실리콘밸리에서 일할 수 있는 기회를 준 매일경제신문에게도 감사드린다.

2024년 7월, 엔비디아가 만들어진 실리콘밸리에서

이덕주

엔비디아 웨이

엔비디아 웨이

초판 발행 · 2024년 7월 25일
초판 2쇄 발행 · 2024년 8월 23일

지은이 · 이덕주
발행인 · 이종원
발행처 · (주)도서출판 길벗
브랜드 · 더퀘스트
주소 · 서울시 마포구 월드컵로 10길 56(서교동)
대표전화 · 02)332-0931 | **팩스** · 02)322-0586
출판사 등록일 · 1990년 12월 24일
홈페이지 · www.gilbut.co.kr | **이메일** · gilbut@gilbut.co.kr

기획 및 책임편집 · 유예진(jasmine@gilbut.co.kr), 송은경, 오수영 | **제작** · 이준호, 손일순, 이진혁
마케팅팀 · 정경원, 김선영, 정지연, 이지원, 이지현 | **유통혁신팀** · 한준희
영업관리 · 김명자 | **독자지원** · 윤정아

디자인 · 알레프 | **교정교열** · 최진
CTP 출력 및 인쇄 · 예림인쇄 | **제본** · 경문제책

ISBN 979-11-407-0990-8 03320
(길벗 도서번호 090261)

정가 21,000원

독자의 1초를 아껴주는 길벗출판사

(주)도서출판 길벗 | IT교육서, IT단행본, 경제경영, 교양, 성인어학, 자녀교육, 취미실용 www.gilbut.co.kr
길벗스쿨 | 국어학습, 수학학습, 어린이교양, 주니어 어학학습, 학습단행본 www.gilbutschool.co.kr